Migraciones:
la política

Migraciones: la política

JAVIER DE LUCAS

tirant humanidades
Valencia, 2025

En caso de erratas y actualizaciones, la Editorial Tirant Humanidades publicará la pertinente corrección en la página web www.tirant.com.

Director de la colección Ágora
JOAN ROMERO GONZÁLEZ

© Javier de Lucas

© TIRANT HUMANIDADES
   EDITA: TIRANT HUMANIDADES
   C/ Artes Gráficas, 14 - 46010 - Valencia
   TELFS.: 96/361 00 48 - 50
   FAX: 96/369 41 51
   Email: tlb@tirant.com
   www.tirant.com
   Librería virtual: www.tirant.es
   DEPÓSITO LEGAL: V-760-2025
   ISBN: 978-84-1081-182-9
   MAQUETA: Innovatext

Si tiene alguna queja o sugerencia, envíenos un mail a: *atencioncliente@ tirant.com*. En caso de no ser atendida su sugerencia, por favor, lea en *www.tirant.net/index.php/empresa/politicas-de-empresa* nuestro procedimiento de quejas.

Responsabilidad Social Corporativa:
http://www.tirant.net/Docs/RSCTirant.pdf

"Para Sami Naïr, por una larga amistad fraterna, anclada en el estudio de las migraciones"

Índice

Capítulo 4
Otra política migratoria y de asilo es posible

Introducción

Una elemental cortesía para con el lector o, por mejor decir, un deber elemental de contraprestación por el regalo de querer dedicarnos su tiempo, exige que el autor le ofrezca lo que llamamos un proemio, esto es, una breve reflexión introductoria en la que se precise el sentido y alcance de lo que va a encontrar en las páginas que siguen. A veces, el proemio viene también acompañado de la justificación de las decisiones que han guiado su redacción.

Pues bien, he de reconocer que, tras un primer momento de entusiasmo por recibir el encargo de colaborar en esta nueva colección de la editorial Tirant, *Agora*, para escribir sobre las migraciones, caí pronto en la cuenta de la dificultad de la tarea. En efecto, de acuerdo con la razón de ser de esta colección, se trata de ofrecer una exposición sintética, clara y rigurosa del estado de la cuestión, en línea, podría decirse, con el lema propuesto por Montaigne en su *que sais-je?*, que dio lugar a un muy conocido proyecto editorial que ha servido para formar a millones de lectores.

Lo cierto es que no es nada sencillo escribir un libro que cumpla con tales exigencias, esto es, explicar de forma breve y rigurosa un asunto tan complejo como el de las migraciones -o, para expresarlo de forma más cabal, el de las distintas manifestaciones de la movilidad humana—, sin recurrir al tipo de exposición más prolija y detallada y a las herramientas propias de un ensayo académico al uso, incluido el recurso a una terminología especializada y el añadido de las habituales notas y bibliografía. En esta introducción, quiero tratar de explicar cómo he intentado solucionar ese dilema o, lo que es lo mismo, quiero justificar la elección que he adoptado en relación con su contenido. De paso, quizá así evitaré alguna frustración entre sus hipotéticos lectores.

En claro y por derecho. El lector no encontrará en estas páginas una exposición descriptiva de las migraciones. No se recurre al acopio de datos y su sistematización, propio de una perspectiva sociológica, ni demográfica, como el que pueden aportar también los estudios que las abordan desde la perspectiva de la geografía humana. Tampoco, de los que optan por la de la antropología cultural. Este es un libro que toma partido por la perspectiva normativa que, a su vez, comporta una opción ideológica. Conste que no hablo de opción ideológica en el sentido peyorativo, sino en el más noble: la elección de una concepción que se entiende razonablemente más justificada y por ello, pasa por la crítica intelectual, por los argumentos. A mi juicio, como se verá, esa opción, esos argumentos, conducen a entender las migraciones como una cuestión *radicalmente política*.

La razón del enfoque que propongo es que, en mi opinión, comprender las migraciones exige abandonar la pretensión de ofrecer una mirada meramente descriptiva, y en consecuencia crear una suerte de mapa de conceptos que se corresponda con una realidad objetiva. No es así. Nuestra mirada, nuestra representación de las migraciones, parte de lo que se llama una *comprensión previa*, un juicio previo que, claro, es un *prejuicio*. Por eso, lo que propongo ofrecer al lector no es un retrato supuestamente fidedigno de este fenómeno, sino otra visión, otro análisis que nos permita entender los porqués de esa representación habitual - sería más adecuado hablar de la *representación dominante* —, las más de las veces simplificadora, acerca de algo tan complejo como las diferentes manifestaciones de. la movilidad humana.

Ese punto de partida puede explicarse también con un tópico aportado por Habermas a la metodología filosófica y también a las ciencias sociales, con el que vino a sacudir la proverbial neutralidad valorativa propuesta por Weber. Se trata del argumento desarrollado en su influyente monografía de 1968, *Conocimiento e interés* que, frente al precepto weberiano de la *wertfreiheit*, nos exige la labor de esclarecer el interés que guía esa representación, esa epistemología de las migraciones que hemos construido unilateralmente. Y coincide con lo que también advirtieron Berger y Luckman en su muy relevante ensayo del mismo año 1968, sobre los procesos de *construcción social de la realidad*: es imprescindible desvelar la existencia de medios hegemónicos que garantizan imponer esa construcción, esto es, una versión determinada de la realidad social. Hoy, esto se vulgariza bajo el término *narrativas* o *relato* que, como señalaré, son la base de la percepción social dominante acerca de la inmigración.

Por esa razón, en estas páginas huiré conscientemente de la pretensión de un discurso *objetivo* que sugiera al lector la ilusión de creer que, tras la lectura, ha conseguido dominar la cuestión. Hablo de ilusión, porque ese pretendido retrato fiel del fenómeno oculta que este es un asunto que, en gran medida, va de *procesos de dominación*. Y por eso, como vengo sosteniendo desde hace tiempo, para entender las migraciones lo más importante es comprender que son ante todo *res politica*. Incluso, diré, la cuestión migratoria junto a la crisis ecológica son los dos asuntos que afectan de modo más radical a la comprensión tradicional de qué es la política, esto es, de cómo debemos organizar nuestro quehacer social.

Lo que quiero señalar al lector es que las políticas migratorias y de asilo no parten de unos conceptos científicos de lo que son las migraciones, de lo que son los migrantes o los refugiados. Los conceptos de inmigrante y refugiado que aceptamos como bien definidos, los que acepta mayoritariamente la opinión pública, son una construcción normativa, que se explica por la función que se les quiere atribuir, por el objetivo que deben desempeñar aquí y ahora en las sociedades que los reciben. Son esas funciones que se persiguen, las que construyen tales conceptos. Es decir, son los intereses que mueven esas políticas los que construyen unas categorías como las de inmigrante o refugiado que, en realidad, resultan funcionales al objetivo de las mismas.

Dicho más concretamente, no se puede desconocer la existencia de instrumentos jurídicos que están en la base de las políticas migratorias y de asilo, en el plano nacional (las leyes de inmigración y extranjería), en el regional propio de la UE (como el complejo conjunto de reglamentos que componen el reciente pacto europeo de migración y asilo aprobado en 2024), o en el ámbito global. Es importante recordar que, en este plano internacional global, existen normas jurídicas vinculantes para los Estados parte, tanto en el caso de los inmigrantes (como la Convención de la ONU de derechos de los trabajadores inmigrantes y de sus familias de 1990, o el Convenio 97 de la OIT sobre trabajadores migrantes), como muy claramente en el caso de los refugiados, en el que existe un sistema de Derecho internacional de los refugiados compuesto por el Convenio de Ginebra de estatuto de los Refugiados, de 1951 y el protocolo de Nueva York de 1966 que completa ese estatuto y lo extiende. Un cuerpo normativo que supone el reconocimiento del derecho de asilo o de la protección subsidiaria.

Pues bien, esas normas jurídicas son un poderoso medio a través del cual —y a despecho del desprecio que sostienen ciertos politólogos y sociólogos sobre la capacidad de conformación social de la dimensión normativa— se envía a la comunidad que vive bajo ese orden jurídico y político (es decir, a los ciudadanos, que son los verdaderos destinatarios de esas normas, más que los propios inmigrantes o quienes buscan refugio) el mensaje de quién y por qué, en qué condiciones, debe ser reconocido como un verdadero y buen inmigrante. Quién y por qué debe ser reconocido como un refugiado.

Lo que trato de explicar es, en buena medida, la lección que ofrece Humpty Dumpty a la ingenua *realista* Alicia, cuando ésta pone de manifiesto que es preciso esclarecer el significado de las palabras para poder afrontar el desconcierto que causan las decisiones arbitrarias de la reina y aquél le responde terminante: lo importante no es lo que significan las palabras; lo importante es saber quién manda. Alicia ha de entender, sostiene Lewis Carroll, que la facultad soberana del poder consiste en eso, en imponer el sentido del lenguaje.

Las normas, las decisiones jurídicas, contribuyen tan poderosamente como los medios de comunicación a la creación de nuestra representación sobre los protagonistas de la movilidad humana, a nuestra *mirada* sobre el fenómeno de la movilidad. Hoy, junto a los tradicionales medios de comunicación, es preciso añadir el poder de representación de la realidad que tienen las redes sociales, siempre que entendamos que éstas no son la comunidad de comunicación libre, sino instrumentos en manos de las grandes empresas tecnológicas y también de potencias políticas. En definitiva, esa mirada responde al objetivo político de gestionar las migraciones para obtener unos réditos determinados, y es lo que construye nuestra noción de migraciones: qué debemos entender por inmigrantes y, en particular, por inmigrantes aceptables.

Por lo demás, hablar de la dimensión radicalmente política de las migraciones me lleva a señalar que la gestión de las migraciones —la política migratoria y de asilo— es un test muy relevante para valorar la calidad del Estado de Derecho y de la democracia en cada país y en las propias relaciones internacionales. En realidad, creo que ese juicio se queda corto: la manera en que construimos nuestra mirada sobre las migraciones y las gestionamos es un test civilizatorio, global.

Lo que quiero hacer ver es que precisamente la dimensión global de las migraciones obliga a una reflexión que desborda la dimensión estatal de las democracias, para alcanzar el rango de una exigencia que afecta a los cimientos mismos de un orden internacional, si no justo, al menos decente. Como tendré ocasión de argumentar más adelante, uso esa expresión —sociedad decente— siguiendo una tesis cuyas raíces se remontan a los clásicos grecolatinos (de los estoicos griegos, a Horacio y Séneca), que son reformulados por el humanismo y la Ilustración, hasta alcanzar la mejor y más sintética formulación, la que acuña Péguy y reiterarán Margalit o Honneth.

En definitiva, creo que la gestión o respuesta ante los movimientos migratorios es muy relevante en términos de la legitimidad de nuestras democracias y, en particular, la manera en que respondemos ante esa manifestación específica de la movilidad humana forzada que son los refugiados constituye un test de esa calidad democrática. Los refugiados son el arquetipo de personas que se ven obligadas a abandonar su hogar en busca de una vida digna, huyendo de la persecución y la muerte. Para entender en qué consiste ser un refugiado —en realidad, es más adecuado hablar de *asylum seeker*, alguien que busca refugio— no hay fórmula más real y sintética que la que ofreciera quien fue Alto Comisionado de Refugiados de la ONU, el jordano Zaid Ra'ad Al Hussein: "refugiados son personas con la muerte a su espalda y un muro ante su rostro". Pues bien, el inicio de nuestra civilización está ligado al deber de acoger a esos que huyen de la persecución y la muerte: ofrecerle un lugar seguro. Esa es la tradición del principio de hospitalidad, que constituye la piedra maestra del sistema jurídico internacional del asilo y la protección internacional subsidiaria, esto es, el principio de *non refoulement*, que impone la prohibición de retornarlos al país del que huyen o de enviarlos a un país no seguro. Desgraciadamente, esa noble tradición del refugio es algo que se encuentra en entredicho hoy entre los gobiernos europeos, hasta el punto de que no pocas voces críticas hablan de un proceso de vaciamiento del derecho de asilo y protección internacional para quienes aspiran a ser reconocidos como refugiados.

Desde esos presupuestos y con los propósitos que he avanzado, dedicaré buena parte de estas páginas al análisis de los argumentos que ayuden a entender por qué nuestra representación de la movilidad migratoria tropieza una y otra vez en los mismos errores y por qué, por tanto, las migraciones suponen un problema aparentemente irresoluble, un laberinto de disyuntivas en el que nos perdemos una y otra vez, porque no hemos seguido la pista de quienes así lo construyen y ocultan el hilo de Ariadna que nos permitiría salir de él, a salvo. Todos: nosotros y quienes emprenden el viaje migratorio. Una disyuntiva que es una construcción social, porque cualquier *nosotros* con el que nos representamos y autoafirmamos es siempre heredero de ese viaje, más o menos lejano, aunque nos lo ocultemos a nosotros mismos o tratemos de olvidarlo.

Resumo para el lector la secuencia expositiva de lo que sigue: comenzaré por un capítulo en el que propondré una aproximación a lo que significan las migraciones como hecho social, una afirmación llena de matices, que empieza por situar la comprensión de esa movilidad humana como *mascarón de proa* del actual proceso de globalización tecnoeconómica, en el que han alcanzado una posición dominante las grandes empresas de las nuevas tecnologías de la información y la comunicación, sobre las que el presidente Biden, en su último discurso a la nación, ha llamado la atención como graves riesgos para la democracia, en una analogía evidente con el famoso discurso del presidente Eisenhower sobre el complejo militar industrial. Con la diferencia de que hoy esas amenazas alcanzan una dimensión mundial.

Las migraciones, en su sentido amplio, constituyen un hecho social institucional (no un mero dato empírico), de carácter global, holista y plural. Y, sobre todo, son una constante histórica desde los orígenes de la humanidad. Un hecho que se manifiesta como un proceso social, que experimenta muy distintas manifestaciones, diversas etapas, diferentes protagonistas.

Es aquí donde —sin renunciar a la perspectiva que he expuesto, esto es, denunciar el error de reducir las migraciones a cifras y cuadros estadísticos— recordaré algunos datos proporcionados por la Organización Internacional de las Migraciones de la Organización de las Naciones Unidas (OIM) y también por el Alto Comisionado para los Refugiados, de la misma ONU (ACNUR). Baste ahora mencionar que, en sus informes de 2024 (https://publications. iom.int/books/informe-sobre-las-migraciones-en-el-mundo-2024 y https://www.unhcr. org/mid-year-trends-report-2024, respectivamente), ambas organizaciones especializadas señalan que hay casi 300 millones de inmigrantes en todo el mundo (en todo caso, una cifra superior a los 281 millones censados en 2020), es decir, personas que han abandonado su país para tratar de vivir en otro (sin hacer distinción de los diferentes procesos, voluntarios o forzados), esto es, algo menos del 4% de la población mundial (pueden consultarse los datos en https://www.migrationdataportal.org/terms-use).

Al mismo tiempo, tanto la OIM como el ACNUR constatan que crece imparablemente el número de personas que se ven obligadas a desplazarse, bien dentro de su propio país (desplazados internos), bien a otros países (generalmente, contra la creencia dominante en Europa, a países vecinos, esto es, en el eje Sur-Sur, que concentra muchos más desplazamientos que el eje Sur-Norte), debido a situaciones de conflicto, violencia, inestabilidad política o económica y, cada vez más, como consecuencia del impacto de hambrunas o desastres naturales vinculados al cambio climático. Para el año 2024, la cifra de quienes entrarían en esa categoría de desplazados forzosos que vinculamos a la noción de refugiados (si sumamos a los 36 millones de refugiados en sentido estricto, los millones que solicitan protección internacional subsidiaria y los desplazados internos, que no salen de las fronteras de su país) estaría por encima de los

120 millones de personas, lo que supone un incremento del 5% respecto a 2023.

Eso exige un análisis del contraste entre hechos y narrativas migratorias, relatos que, por cierto, se remontan a los primeros testimonios culturales, a los cimientos de la cultura occidental (y no sólo de ella): de la Biblia (con la referencia a esa migración forzada original, la de la expulsión de Adán y Eva del Paraíso, a la historia paradigmática de la diáspora causada por el castigo a la ambición de la Torre de Babel, la primera gran diáspora masiva, o el libro de Ruth), a Homero y Virgilio, que nos ofrecen los viajes de dos migrantes forzados a causa del destino, Ulises y Eneas. Y con ello, también aparecerán las manifestaciones de una constante que acompaña a la representación de las migraciones, lo que he llamado en otras ocasiones su *narrativa tóxica*, que hoy es el mensaje dominante.

Todo ello nos llevará a un estudio de la construcción de los modelos de gestión de las migraciones, es decir, de políticas migratorias, que son tributarios, insisto, de las miradas que arrojamos sobre las migraciones y de su evolución. Ese análisis, que ocupa los capítulos segundo y tercero, nos mostrará un contraste evidente y doloroso con lo que se supone que son las exigencias básicas del Estado de Derecho y de la democracia, y que concretaré en lo que denomino la lógica jurídica y política migratoria y de asilo propia de los países del norte (buena parte de los de la UE, EEUU, Canadá, pero también México) que son receptores de esos movimientos. Lo cierto es que, sin ignorar la posibilidad de que en algunos casos esos flujos migratorios masivos sean inducidos como un recurso de guerra híbrida para la desestabilización de esas sociedades, (así lo han denunciado Polonia y Hungría frente a llegadas masivas que serían organizadas desde Bielorrusia y Rusia), en la inmensa mayoría de los casos se trata de procesos migratorios forzados, de los que, sin duda, se sirven para hacer negocio las mafias de tráfico de personas, pero también, digámoslo ya, las empresas que trafican con el negocio del control de fronteras y, desde luego, quienes se lucran explotando a quienes llegan en condiciones precarias para emplearlos en términos de esclavitud laboral.

Esta lógica ha permitido a algunos ensayistas hablar de las políticas migratorias como industria del desecho humano (Bauman), necropolítica (Mbembé) o institucionalización de la lógica de excepción (Agamben Lochak). Me parece difícil negar, en efecto, que nuestras políticas migratorias se construyen en buena medida desde la naturalización de una lógica del estado de excepción, que las hace difícilmente compatible con las exigencias básicas de la legitimidad democrática. Y, desde luego, esto es particularmente visible en la evolución —en el retroceso aparentemente imparable—que se vive en torno a una de las manifestaciones de esa movilidad humana, la que constituyen los refugiados, a la que prestaré una atención especial.

Cuando alguien me pregunta por qué la izquierda no ha construido una verdadera alternativa a ese modelo de política migratoria y de asilo que se difunde desde la extrema derecha y que en este año de la vuelta al poder del presidente Trump parece destinado a imponerse también en Europa, con el avance del relato migratorio que propone la extrema derecha y que la derecha liberal parece haberse resignado a abrazar, para no perder el poder, mi respuesta es clara. De un lado, la izquierda ha abandonado la pretensión de construir una política migratoria y, en aras de la realpolitik, acaba aceptando jugar a hacer política partidista con la inmigración. Con ello, en segundo lugar, renuncia a una gestión de los movimientos migratorios que ponga como condición necesaria el reconocimiento y garantía de la igual libertad —de los mismos derechos— para todos los que residen y construyen el mismo espacio público, incluidos, por tanto, los inmigrantes. La realpolitik impone así el sofisma, santo y seña de los gabinetes electorales de todos los partidos, según el cual hablar de derechos de los inmigrantes tiene el coste de perder el poder.

Quiero dejar claro que, a mi juicio, hay dos condiciones de legitimidad y eficacia -sí, eficacia- de las políticas migratorias.

Como he dicho, condicionar el reconocimiento y garantía de los derechos de los inmigrantes y sus familias al beneficio que produzcan, es una lógica perversa. Incurren en ella -malgré soi- quienes defienden una cierta mirada "positiva" sobre las migraciones, insistiendo en el argumento de que necesitamos inmigrantes: eso convierte todo el razonamiento en instrumental, porque si dejamos de necesitarlos, o si la necesidad de mano de obra tiene un coste que no queremos admitir, se impone la lógica de contención a toda costa y expulsión de los que no producen beneficios o pueden ser sustituidos por otros con menos coste. Además, al aceptar ese condicionamiento de los derechos al beneficio, emprendemos una pendiente resbaladiza que, antes o después, afectará a nuestros propios derechos, como se demuestra con la deriva discriminatoria del edadismo.

Muy al contrario, es muy importante dejar claro que el reconocimiento y garantía de los derechos de los inmigrantes no es la guinda del pastel que ofrecemos al buen inmigrante, sino la condición de legitimidad de toda política migratoria y de una convivencia sin exclusiones inaceptables conforme a la lógica del Estado de Derecho y de la democracia.

La segunda condición, en la que ha insistido siempre Sami Naïr, una autoridad de referencia en la materia, es que hay que conseguir que los actores del fenómeno migratorio, esto es, los propios inmigrantes, las sociedades de origen y las de destino, sepan transformar sus respectivas necesidades en mutuo beneficio, lo que a mi entender tiene dos claves: reconocimiento de derechos e incentivación de la democracia, el desarrollo humano y los derechos en los países de origen y tránsito y la igualdad de derechos y de deberes en los países de acogida.

Por todo ello, estoy convencido de que no debemos aceptar con resignación la mirada, la construcción dominante sobre las migraciones. En el cuarto y último capítulo, propondré algunos de los elementos sobre los que puede asentarse otra visión de las migraciones y, por tanto, otra política migratoria y de asilo. Queda para el lector la tarea de tomar posición a partir de esos mimbres que le presento.

Valencia, enero de 2025.

Capítulo 1
La complejidad de las manifestaciones de la movilidad humana

Ya he dejado dicho que, a mi juicio, hay que renunciar al espejismo de presentar una visión uniforme y sencilla sobre las migraciones. Para expresarlo con más rigor, creo que debemos olvidar la pretensión de obtener un concepto unívoco, claro y preciso del fenómeno migratorio, una definición que nos permita captar algo así como su esencia. Ahora, trataré de explicar las razones de esa complejidad, que tienen mucho que ver con la necesidad de evitar un error de partida y, al mismo tiempo, tener bien presentes dos advertencias previas que cualquiera que trate de entender el significado y el alcance del fenómeno migratorio debería tener en cuenta

Efectivamente, la experiencia enseña que el primer error que hay que evitar al hablar de migraciones es simplificar su tratamiento, reducirlo a un hecho empírico, un cúmulo de datos y cifras que, en la mayoría de los casos, acaban por responder a prejuicios derivados de un objetivo previo y muy extendido, el de impedir, contener o, en todo caso, dominar unilateralmente esos movimientos migratorios. Para empezar, hay que revisar el error de vincular los movimientos migratorios exclusivamente con el actual proceso de globalización.

LAS MIGRACIONES, MASCARÓN DE PROA DE ACTUAL PROCESO DE GLOBALIZACIÓN

Es verdad que la aceleración e incremento de la movilidad humana parece el santo y seña de la ideología globalista que subyace al proyecto neoliberal, dominante en la etapa actual del proceso de globalización tecnoeconómica. Un proceso que comienza en la segunda mitad del siglo XX y se ha acelerado en este primer cuarto de siglo del XXI. Incluso podría sostenerse que los flujos migratorios aparecen como el auténtico *mascarón de proa* de ese proyecto globalizador, pues lo anuncian y serían en cierto modo un emblema de la globalización. Dicho de otro modo, parecería que, en la medida en que se incrementa el proceso de globalización aumentarían también las migraciones, algo que es una verdad a medias.

En realidad, esa relación entre las migraciones y el actual proceso de globalización es sobre todo una máscara, en el sentido de un engaño.

Convendrá recordar que la historia misma de la humanidad es una historia de migraciones. Lo es en las narrativas míticas a las que ya he aludido: la expulsión de Adán y Eva del Paraíso es, en buena medida, una historia de diáspora forzada, es decir, de personas expulsadas de su hogar por no obedecer las normas del país en que viven (el Paraíso): refugiados. El mito de Babel, por su parte, es una primera representación de que la cohesión social impone la expulsión de la pluralidad, su destierro: la diáspora forzada, en suma.

Es cierto que esas narrativas también incluyen el mandato de hospitalidad, por encima de la diferencia cultural, como en la historia de Ruth que, con todo, acaba asimilándose, aceptando la superioridad del pueblo que le acoge, el pueblo elegido al que pertenece Booz.

Lo mismo encontramos en el testimonio de la ciencia: la antropología cultural y la etnología nos muestran a los primeros seres humanos —el rastro de Letoli— caminando, en una prefiguración de la primera migración, la que desde las llanuras africanas llevaría a nuestros antecesores a tierras euroasiáticas.

A lo largo de su historia, la humanidad ha vivido no pocos intentos globalizadores, a los que se vinculan migraciones masivas. En rigor, todos los grandes imperios han tenido esa vocación expansiva, la pretensión de abrazar todo el mundo conocido. La primera globalización, en el sentido que hoy otorgamos al término, es la que se produce en el siglo XVI, al filo de la modernidad, impulsada por los viajes marítimos de las potencias europeas —y las grandes compañías comerciales— a caballo de un primer modelo de mercado global. En ese momento se produce la confrontación entre dos procesos globalizadores —ambos, colonizadores— que entrañan dos grandes movimientos migratorios de origen europeo y, de paso, dos modelos de Derecho internacional. De un lado, el vinculado a la idea de la unidad del género humano, de raigambre estoica, teorizada por los teólogos juristas españoles en la polémica de los justos títulos para la conquista y, por tanto, a esa primera gran migración de conquistadores españoles y portugueses, en el continente americano y en Asia, completada enseguida por otro movimiento protagonizado por *refugiados avant la lettre*, esto es, los disidentes europeos que huyen de la persecución religiosa en los Países Bajos y en el Reino Unido y colonizarán buena parte de América del Norte. Ese modelo, claro, es recuperado por Kant en su proyecto cosmopolita. De otro, uno de signo más abiertamente comercial, el que teorizará Grocio, cuya clave es el derecho de libre circulación en el mar y la lucha contra la piratería (lo que incluye, claro, legalizarla si está al servicio de los propios intereses: las patentes de corso), bajo el argumento de presentar a los piratas como enemigos de la humanidad, en una identificación obvia entre los *intereses de la humanidad* y el libre comercio. Obvio es decir que el primer proyecto también tuvo su empresa comercial —la Compañía de Indias, española— y uno y otro utilizaron el mercado de la esclavitud precisamente en su afán de completar la mano de obra necesaria en la conquista, lo que añade a seres humanos en ese tráfico floreciente de mercancías.

No está de más recordar que tales proyectos colonizadores y los desplazamientos migratorios que los acompañan, fueron puestos en solfa muy tempranamente por Montaigne, en su portentoso *Ensayo sobre los caníbales*, que anticipa en buena medida la ironía sobre la coartada civilizadora, la que desnudaron Montesquieu (*¿Cómo se puede ser persa?*) y, sobre todo, Swift en su genial *Los viajes de Gulliver*. La conclusión que nos ofrecen esas primeras narrativas es muy sencilla, y pervive hasta hoy: el extranjero, el migrante, sólo es un extraño ajeno a la civilización si ese viaje no lo protagonizamos nosotros, sino otros. Nuestras migraciones son procesos civilizadores. Las de los otros, invasiones bárbaras.

El actual modelo de globalización y con él, la existencia de migraciones masivas, se remonta al menos a comienzos del XIX. En otras ocasiones he invocado como ejemplo un poema titulado "Laissez faire, laissez passer (L'Economie Politique)", fechado el 20 de junio de 1880, que Eugene Pottier, el autor de la letra de la Internacional, envió desde América a los miembros de la Academia de Francia. Pottier, evidentemente, no utiliza ese concepto, pero sí se refiere a la constante del proceso de extensión del capitalismo y del mercado que despega con fuerza en esos compases finales del XIX, un proceso guiado, en lugar de la libertad de circulación -condición de la libertad de flujos (necesaria, pero no suficiente) por el afán de incremento del beneficio, del que forma parte la explotación de la mano de obra a escala mundial (la ¨hormiga china¨, que desbancará a los proletarios franceses, señala el poema).

Si hablo de los flujos migratorios como una máscara es porque, en realidad, con el actual proceso de globalización, las fronteras son porosas para el capital especulativo, la tecnología y la información y para la mano de obra que se requiere coyunturalmente en el norte, pero infranqueables para quien quiere emigrar al centro y no es útil según los criterios de mercado. El mercado global, que dicta las leyes a estos movimientos (nada naturales, pues no son leyes físicas), atrae hacia el centro -el norte- a unos pocos privilegiados, al tiempo que genera efecto llamada y se beneficia de esa sobreabundancia de oferta en órbita precaria, dispuesta a lo que sea por aterrizar y a la que utiliza para desestabilizar el mercado de trabajo interno y para los efectos de relegitimación. A la vez, los agentes del mercado global desplazan efectivos a la periferia para abaratar costes (el ejemplo de las maquilas, del trabajo infantil: la sobreexplotación del tercer mundo). Así, la dualización, la desigualdad, se extiende más allá del tópico norte-sur, porque una parte de éste (las élites) se integran en el mercado global, mientras que una parte del norte y la mayor parte del sur, quedan alejadas de él salvo como objetos, como mercancías cuya ubicación y, en su caso, el tráfico de las mismas, se regula en función del beneficio. Es la tesis de Saskia Sassen: una nueva geografía de la centralidad y de la marginalidad y que supone el fomento a la par que las limitaciones de la movilidad, que nos muestran una serie de paradojas continuas: de entrada, se promociona la movilidad; pero de inmediato se la limita o condiciona, según qué se trate de desplazar. Y entonces aparecen las contradicciones: la imposibilidad de cerrar las fronteras, la necesidad de reconocer los derechos, la imposibilidad de expulsar y el incremento de la clandestinidad, étc

Frente a esa máscara, frente a esa ficción acerca de las migraciones que nos impone la ideología globalista, necesitamos revisar los presupuestos desde los que organizar una política de inmigración eficaz, esto es, adecuada a las condiciones de un mundo globalizado y, sobre todo legítima, es decir, acorde con los criterios de legitimidad propios de una democracia plural e inclusiva, la que exigen el contexto de globalización y de multiculturalidad que nos caracteriza (y uno de cuyos factores fundamentales, en las sociedades europeas, junto a las minorías —nacionales, lingüísticas, culturales—, son los nuevos flujos migratorios) y con los principios de legitimidad del Derecho internacional. Para conseguirlo, habría que examinar todos los elementos o dimensiones de la política de inmigración, como veremos después.

LAS MIGRACIONES, UN FENÓMENO SOCIAL COMPLEJO Y GLOBAL

Como digo, frente al tópico que proclama que las migraciones masivas son un fenómeno contemporáneo, es preciso recordar que los desplazamientos que protagonizan los inmigrantes son una constante en la historia de la humanidad, no un hecho más o menos aislado o localizado y desde luego, en ningún caso, un fenómeno reciente. Hay fluctuaciones en cuanto a los rutas e intensidad de los desplazamientos humanos que consideramos movimientos migratorios, pero nunca han dejado de existir. Incluso cabe decir, no sin fundamento, que hay tantas clases de migraciones como proyectos migratorios que persiguen quienes así se desplazan. Por eso insisto en hablar de *migraciones*, no de migración. Y habrá que recordar que esa pretensión que ya señalé en la introducción, esto es, la de impedirlos, dominarlos o domesticarlos -si se me permite la expresión—, se ha saldado las más de las veces con el fracaso y con un enorme coste humano. No sólo por parte de los protagonistas de esos desplazamientos, sino también de las sociedades afectadas.

En segundo lugar, conviene precisar de qué hablamos cuando utilizamos el término "inmigrante" (teniendo en cuenta que el génerico "migrantes" sería más justificado: emigrante es quien sale de un hogar; inmigrante o inmigrado, es quien llega a otro lugar). A la hora de hablar de inmigrantes conviene no pasar por alto una obviedad: lejos de una categoría con fundamento científico, el concepto de inmigrante, como el de refugiado, es una construcción normativa, que se explica por la función que se les quiere atribuir, por el objetivo que deben desempeñar aquí y ahora, en las sociedades que los reciben y que son las que dictan esas funciones para las que se construyen tales conceptos.

Quien tiene poder para imponer su respuesta a la pregunta ¿qué es un inmigrante? es, obviamente el que determina el concepto que utilizamos, qué significa ser inmigrante, cuándo y por qué. Y hay que añadir que, como advirtiera Sayad, es necesario combatir el etnocentrismo de la definición de inmigrante y el desconocimiento de la realidad de la condición de quien ya ha emigrado y está asentado en otro país. La noción dominante de inmigrante, construida desde nuestras políticas migratorias, funcional a sus objetivos, tiene poco que ver con lo que, según nos enseña la ciencia -la antropología científica, la etnografía, la geografía humana, la demografía—, es un rasgo estructural, definitorio, de la condición humana. Porque migrante, según nos enseñan esas ciencias, es sencillamente *todo aquel que se desplaza de un lugar a otro.* Por qué se desplazan de un sitio a otro, y continuamente, los seres humanos depende, obviamente, de condiciones contextuales, pero bien podríamos admitir como guía la explicación que nos ofrece Montesquieu en *L'esprit des lois*, una obra guiada por la relación entre el condicionamiento que impone la naturaleza (la geografía, en particular) y los comportamientos humanos: el afán de desplazarse le parece connatural al hombre y ello porque los seres humanos nos movemos siempre en busca de (más) libertad y de (más) riqueza. Podemos simplificar asegurando que los seres humanos somos por condición natural viajeros, porque tratamos de mejorar nuestras condiciones de vida. Y son, pues, esas condiciones que les impulsan a emprender el viaje -y, en el caso de centenares de millones de seres humanos les obligan, les fuerzan a ello—, las que hay que estudiar para entender el por qué de las diferentes manifestaciones de movilidad humana. Y, en particular, de las que no son tanto el resultado de una decisión libre, sino forzada. Esto es, de aquellos que no tienen su alcance la libertad de migrar o desplazarse, sino que se ven obligados a ello porque no tienen alternativa: los que, como señalaron Chueca y Aguelo, no tienen *el derecho a no emigrar,* que es la condición sine qua non para hablar de un verdadero derecho a emigrar, esto es, de la libertad de hacerlo. Me parece evidente que lo anterior pone de manifiesto el vínculo entre el fenómeno de la movilidad y el de la desigualdad de oportunidades en un sentido amplio. Para quien no tiene esa libertad -en el sentido jurídico—, para quienes viven en peores condiciones y más aún si les resulta accesible la visión de que hay otras condiciones —y mejores— lejos de su hogar, la migración, como ha subrayado con frecuencia Sami Nair no es una opción, sino una necesidad.

Precisamente por eso, a mi juicio, hay que insistir en romper una interpretación tan rígida como falta de fundamento real, la que con frecuencia se establece entre inmigrantes y refugiados, a partir de la precisión jurídica que nos proporcionan los instrumentos del Derecho internacional de refugiados. Quiero decir que la movilidad forzada no se limita al supuesto para el que creamos la categoría de refugiados. Lo que se puede y debe sostener, a partir de la Convención de Viena y del Protocolo de Nueva York, es que llamamos refugiados a quienes se mueven fuera del territorio de su Estado para *evitar la persecución*, esto es, un tipo específico de movilidad forzada, pero que no agota todos los supuestos de movilidad forzada. Contra lo que propagan los liberales económicos, como Vargas Llosa -que no son liberales a lo J.S Mill o, como hoy, Judith Shklar—, buena parte de quienes son definidos bajo la categoría de migrantes (de migrantes laborales, que en esa concepción es una tautología), centenares de millones de personas en todo el mundo, son en realidad casos de movilidad forzada. Como lo son quienes buscan refugio o quienes huyen por razones ligadas al cambio climático y hoy por hoy no pueden ser definidos como refugiados y se les considera inmigrantes, por más que resulte evidente que no emprenden libremente ese otro viaje. Obviamente, no es este el lugar para tratar en profundidad una cuestión tan compleja y al mismo tiempo tan relevante hoy como la de los mal llamados "inmigrantes ambientales", que otros prefieren considerar como "refugiados climáticos", aunque obviamente la ausencia del elemento de persecución les sitúa fuera del marco normativo propio del sistema de derecho internacional de refugiados constituido por la Convención de Ginebra y el protocolo de Nueva York. Pero es imposible dejar de reconocer que lo que los juristas denominamos "estado de necesidad", como factor desencadenante de una movilidad que, por tanto, es forzada, es un factor común a los refugiados *tout court* (quizá sería más preciso hablar de quienes pretenden llegar a serlo, lo que en inglés denominamos como *asylum seekers*) y a los desplazados climáticos.

Muy al contrario, las leyes de inmigración y extranjería de los países destinatarios de esos movimientos humanos, hablan de inmigrantes, atribuyendo al término una particular significación, como también deciden quién puede tener el derecho a ser reconocido como refugiado o como titular de un tipo de protección de sus derechos que llamamos protección subsidiaria.

Dicho lo anterior, hay que insistir en señalar los diferentes reduccionismos que subyacen al genérico "los inmigrantes". Básicamente, porque no existen *los inmigrantes,* sino muy diferentes tipos de personas que migran, esto es, que se desplazan por razones, por condiciones y, por tanto, por proyectos que son diversos, aunque tengan en común algo tan sencillo como mejorar su vida, lo que apunta a un argumento muy propio de la noción liberal de derechos, el reconocimiento de la autonomía, del derecho a decidir sobre el propio plan de vida. Ahora bien, esa autonomía que nos parece evidente reconocer como principio jurídico básico a los ciudadanos del mundo rico, es un derecho negado a quienes no tienen la opción, esto es, a quienes no pueden elegir no ser emigrantes, salir de su propio país, por ejemplo, porque sufren persecución y está en peligro su vida, su integridad, la de su familia y el Estado no les protege frente a esa persecución o incluso las fuerzas del Estado son las que les persiguen. Pero también porque carecen de expectativas de una vida digna para ellos y sus familias, en su propio Estado, en su hogar. Lo que quiero decir es que, en realidad, las migraciones forzadas constituyen la mayor parte de las manifestaciones de movilidad humana. Sin duda hay *otras maneras de ser inmigrante*, aunque con frecuencia no pensemos en ellos como inmigrantes, precisamente porque su desplazamiento no es fruto de una decisión forzada: los jóvenes "emprendedores" europeos, que marchan a otro país o a otro continente porque quieren mejorar su formación o ganar más dinero, son también emigrantes aunque no los llamemos así.

Otro importante rasgo de esa construcción interesada de la noción de inmigrante es la identificación de lo que, en rigor, es un status administrativo, con su definición como tal: esto es, como si se naciera inmigrante, o, aún más, inmigrante legal o inmigrante irregular, cuando estas son en todo caso categorías administrativas unilateralmente dictadas. Y, junto a ello, la identificación de los inmigrantes no ya como trabajadores, sino como *un tipo particular de trabajadores extranjeros*. Porque quienes realizan esta construcción no hablan de cualquier tipo de trabajadores: sólo serán reconocidos como inmigrantes los trabajadores deseados (*inmigration choisie*, que decía la doctrina Sarkozy, que en el fondo imitan la mayoría de las políticas migratorias de los países europeos) y mientras lo sean, es decir, mientras *produzcan beneficios*. Siempre que hablemos, por supuesto, del mercado formal de trabajo. Lo cual quiere decir que la teoría oficial ignora conscientemente o, peor, niega a todos los inmigrantes que no llegan como trabajadores, a las familias de los inmigrantes (que solo existen como tales miembros de su familia), o a los trabajadores inmigrantes empleados en lo que denominamos economía clandestina o sumergida, la mayor parte de ellos, irregulares o, como suele denominárseles todavía hoy en muchos círculos, trabajadores o inmigrantes *ilegales*.

El uso de la expresión "inmigrantes ilegales" tiene importantes consecuencias, también simbólicas. Sirve para la función de estigmatización (de extranjerización, en la acepción más peyorativa) de esos trabajadores como un peligro, para asociarles a la delincuencia y para pretender justificar un doble proceso de discriminación: *qua* extranjeros y *qua* delincuentes. En suma: gentes que no pueden tener, no pueden aspirar a tener la condición de igualdad en derechos: infrasujetos de Derecho, como veremos en el capítulo tercero.

En el fondo, como ya recordé en la introducción, se trata de un proceso de construcción social de la exclusión, que fue explicado a mi juicio de forma muy clara por el discípulo de Bourdieu y especialista en sociología de las migraciones Abdelmalek Sayad con el oximoron "presencia ausente", y que hoy, tras las pistas de la biopolítica y de la antropología filosófica formuladas por Foucault y Agamben, se sintetiza en la identificación de la concepción de la política migratoria como emblema de lo que el filósofo camerunés Achille Mbembe ha acuñado como necropolítica.

Se trata de una concepción de la política en la que la vida de los otros es objeto de cálculo de coste y beneficio (la política migratoria suele reducirse a cifras, a cupos que expresan los inmigrantes "admisibles" y por cuánto tiempo lo son) y por tanto carece de valor intrínseco en la medida en que no resultan rentables o dejan de serlo. Nuestras políticas de migración y asilo siguen manteniendo en no poca medida una semejanza con las políticas coloniales, remozada con el lenguaje propio de la etapa del capitalismo neoliberal en que vivimos, en el que el proyecto de la democracia inclusiva parece quedar orillado. Por el contrario, se refuerzan los mecanismos no sólo de desigualdad, sino de exclusión y expulsión de una parte de la población respecto a los beneficios del crecimiento económico. Ese es el rasgo, la exigencia más notable del modelo de capitalismo neoliberal en esta etapa de la evolución del proyecto del mercado global, que trata de obtener una desregulación que permita liberarse incluso de la sujeción a normas básicas como las que responden a la garantía de derechos humanos elementales entendidos como universales. La vida también: la condición de ese precariado al que son conducidos los inmigrantes y en particular los irregulares, parece próxima a la de caducidad u obsolescencia programada, al igual que la de las mercancías. Por eso, he subrayado el acierto de la fórmula de Bauman al referirse a las políticas migratorias como "industria del desecho humano". Las suyas son, como enseña

Butler, "vidas que no importan", vidas sustituibles o desechables.

En tercer lugar, se impone también advertir sobre la complejidad de las migraciones, en muchos otros sentidos, además de lo que se ha señalado sobre la amplia variedad de razones y proyectos que están detrás de la decisión de emprender el viaje: las migraciones, además de una constante en la historia de la humanidad, son un fenómeno complejo, por su globalidad y su pluralidad.

En efecto, como manifestaciones de movilidad humana, las migraciones constituyen lo que los sociólogos de primera hora, como la escuela de Marcel Mauss (discípulos del eminente Durkheim) supieron entender como un *hecho social total*. En dos acepciones de esa *totalidad o globalidad*: primero, porque son un fenómeno de carácter global, pues se viven en todo el planeta. que hace imposible examinarlo desde la perspectiva de un Estado nacional. Los flujos migratorios ya no son sólo movimientos demográficos de alcance local, aunque la mayor parte de esos desplazamientos se producen entre países limítrofes y en el ámbito de lo que hoy denominamos "Sur global": la dirección de la mayoría de los movimientos migratorios no sigue el eje que llevaría desde la periferia hacia el centro, de sur a norte, sino que se producen en un sentido sur-sur.

Pero, además, se trata de un fenómeno que abarca todas las dimensiones de lo social: desde la cultura, a la economía y el mercado de trabajo, pasando por la política, a escala nacional y también lo que llamamos geopolítica. En particular, esa dimensión holística es algo que ignoran o conscientemente ocultan quienes quieren utilizar las migraciones como herramienta en la lucha política partidista y en beneficio de sus intereses económicos, como trataré de explicar. En la medida en que las migraciones involucran los diferentes aspectos de las relaciones sociales (laboral, económico, cultural, jurídico, político), reducirlas a una sola dimensión, como es frecuente —la laboral, la de orden público, la cultural— es un error, tal y como insistiera el dramaturgo y novelista suizo Max Frisch al acuñar una expresión célebre pero que en su simplicidad aparente contiene esta referencia a la globalidad: "queremos mano de obra, pero nos llegan personas". Más aún, nos llegan grupos sociales.

Además, son un fenómeno heterogéneo, plural: no existe la inmigración, como tampoco un tipo homogéneo de "inmigrantes". Como ya he recordado, los proyectos migratorios no son unívocos, sino que varían en función de los presupuestos, los mecanismos de desplazamiento, los objetivos de esos proyectos, étc. Son diversos los países de origen, pero también y sobre todo sus agentes, sus protagonistas. Hay que hablar, por tanto, de inmigrantes, no del inmigrante, pese al dogma del que parten nuestras políticas migratorias, la existencia de un modelo canónico de inmigración sujeto al molde del *Gastarbeiter*, el único inmigrante admisible, el buen trabajador, que ocupa el puesto de trabajo que necesitamos que desempeñe sin salir de él y durante el tiempo que nosotros decidimos. El mito del inmigrante "deseable", esto es, un trabajador dócil, integrable, casi invisible y fácilmente retornable. Por tanto, como varían las estrategias vitales, varían los presupuestos, las necesidades, las condiciones y las causas de los desplazamientos migratorios, y con ello, por decirlo en la terminología al uso, los factores de impulso (desde el origen) y de atracción (desde el destino), los rasgos *push/pull*. No son unívocos tampoco los mecanismos y características de los desplazamientos migratorios, comenzando por las propias rutas y las redes de desplazamiento e inserción o asentamiento.

Y en particular, como ha subrayado sobre todo Castells o Antonio Izquierdo, estamos ante un mundo que ya no es un espacio de lugares sino un espacio de movimientos y redes, de flujos: se trata de fenómenos de flujos, y no de movimientos unidireccionales, con movimientos de salida, no sólo de entrada, algo que las estadísticas (por no hablar de la propaganda oficial) se resiste a incluir. Los proyectos migratorios son básicamente proyectos grupales (como mínimo, familiares) de donde la importancia de la noción de redes, y el objetivo y duración de los mismos.

Con todo, es posible agregar algunos rasgos propios del momento que viven los actuales movimientos migratorios. Creo que podríamos señalar diez características de los actuales movimientos migratorios:

1) Su carácter en gran medida forzado y complejo (lo que se denomina "flujos mixtos: migrantes y refugiados comparten rutas, desplazamientos). El porcentaje más amplio de esos desplazamientos

responde a condiciones que obligan a salir del propio país y en sus trayectorias y objetivos suelen converger los que denominamos como aspirantes a refugiados (asylum seekers) y los migrantes forzados (en particular los relacionados con cambio climático). Son movimientos mixtos por diferentes razones, pero con rutas similares.

2) El incremento de las migraciones masivas en el eje sur-sur, sobre todo como consecuencia de las guerras, el hambre y las consecuencias del cambio climático

3) El incremento de la diversidad de factores en las migraciones forzadas: amenazas medio ambiente, desigualdad radical, carencia de expectativas de vida

4) El incremento de la desigualdad en el trato que reciben esos flujos, distinguiendo entre los deseables (trabajadores cua-

lificados, empresarios) y no deseables (no cualificados), y también en función de las características etnonacionales. Véase la diferente respuesta a los desplazados ucranianos y a los de Siria y Gaza.

5) El incremento de una inmigración circular, temporal y repetida como consecuencia de los avances en transportes y comunicaciones,

6) El incremento de la dimensión de transnacionalidad, es decir de inmigrantes que orientan sus proyectos vinculados a dos o más sociedades, desarrollando así lo que se ha denominado comunidades transnacionales

7) La fuerza cada vez mayor de las redes informales como forma de organización y comunicación que trascienden las fronteras nacionales. Estas redes transnacionales escapan a la lógica del estado

nación y crean identidades nuevas, polié-
dricas, complejas, contradictorias incluso
—a la par cosmopolitas y étnicas—.

8) Una creciente capacidad para poner en
jaque la capacidad de los Estados nacionales para la acogida de esos movimientos. Eso tiene relación con la tendencia
creciente a una respuesta punitivo-de-
fensiva

9) La militarización simbólica, pero con
efectos destructivos: la lógica de estigmatización y criminalización que borra
en los migrantes su condición de sujetos
de derechos y aun la existencia de un
marco legal internacional. Lógica de internamiento y deportación

10) Un incremento de los elementos de riesgo por parte de los protagonistas de esas
manifestaciones de movilidad humana. Frente a ellos, estamos debilitando

el standard de derechos y de respeto al Estado de Derecho: más precisamente estamos convirtiendo las fronteras en espacios de no derechos. muerte y ausencia de derechos elementales.

Todo ello exige que nuestra mirada sobre la inmigración atienda a la complejidad: exige paciencia para conocer la realidad migratoria, sin sustituirla por el estereotipo que mejor conviene a nuestros intereses en la relación que supone ese proceso y que tiene al menos tres tipos de actores: los de la sociedad de origen, de destino y los propios inmigrantes.

LA METÁFORA DEL VIAJE Y SUS RIESGOS: UN PROCESO QUE NO ACABA

Quiero referirme a un último error en la mirada dominante sobre las migraciones. Se trata de la insistencia en una visión parcial del proceso migratorio como viaje, que pone el acento en las etapas de partida y de llegada a las fronteras y descuida el proceso que sigue después: una estancia a menudo tortuosa, que comienza por la irregularidad o clandestinidad, las más de las veces reforzada por unos procedimientos institucionales que buscan dificultar el asentamiento estable de los inmigrantes, en la medida en que su obsesión consiste en entender su presencia como provisional y manipulable en función de nuestros propios intereses. De ahí el tópico arraigado en la opinión pública según el cual los inmigrantes deben estar entre nosotros mientras los necesitemos y siempre en las condiciones que aseguren que produzcan nuestro beneficio. Por tanto, deben ser fácilmente expulsables (retornables, es el eufemismo), incluso si su estancia es legal, cuando dejan de ser *útiles* o *rentables*.

Lo cierto es que para la mayoría de los inmigrantes se trata de un viaje que, además de su dificultad inicial, por la inexistencia de vías legales y seguras, que les aboca a la clandestinidad y alimenta la industria de quienes explotan esa necesidad de viajar, no acaba de forma estable. Buena parte de los inmigrantes viaja con el proyecto de poder retornar y mejorar las condiciones de vida en su propio país. Sin embargo, la dificultad para poder regresar periódicamente a su país, sin arriesgar con ello la regularidad de su estancia, prolonga ésta y genera una considerable frustración. El fenómeno que Sayad denominó "doble ausencia" o "presencia ausente" (en realidad, la fórmula se encuentra en la actualización de sus trabajos por Bourdieu), unido al cierre del ascensor social o a su condicionamiento a políticas de integración que exigen aceptar la condición de invisibilidad social, de precariedad e imponen la aculturación identitaria, golpea a los que se llama indebidamente "segunda generación", incluso —ya en estos momentos, en países como Alemania, Bélgica, Países Bajos y Francia, y también en Italia y en España— a una tercera: esas personas, en rigor, ya no son inmigrantes, pues nacieron en el país al que llegaron sus padres o abuelos. Pero sucede que ese origen familiar, los apellidos, la identidad cultural y/o religiosa, dificulta enormemente su consideración como tales e induce a procesos de autovictimización y rechazo o, en ocasiones, a radicalización y enfrentamiento.

La presencia ausente o la doble ausencia, según las tesis de Sayad y Bourdieu, es la paradoja básica de la inmigración, y responde a una elección por parte de las sociedades de recepción, institucionalizada a través de sus políticas migratorias. En realidad, tiene su base en la propia paradoja de la condición de los inmigrantes, el contraste entre las ilusiones de quien emprende el viaje y la frustración de quien está asentado en otro país: a caballo entre dos sociedades, no pertenecen finalmente a ninguna. Sayad describió lo que él concibe como tres etapas del viaje migratorio: (1) la primera, en la que el emigrante es una suerte de mandatario de la unidad familiar, un trabajador expatriado para conseguir mejorar la vida de su familia (lo que puede incluir a menores, que viajan sin acompañante) y que vive bajo el control de su sociedad de origen; (2) la segunda, en la que el emigrado vive el desarraigo respecto a vínculos originales y se convierte muchas veces en un marginal, en la sociedad extranjera en la que vive haciendo frente a un racismo muchas veces institucional y por fin (3) la tercera, la construcción de una comunidad de inmigrados, apoyada en la reacción de solidaridad y frecuentemente de rechazo activo frente a la sociedad de "acogida". Los vínculos con la sociedad de origen, pese a la fuerza de las redes sociales de la inmigración, se debilitan y junto a ello, la marginación, la exclusión, la imposibilidad del ascensor social crean una dinámica de desarraigo que aboca a la organización activa del rechazo y en casos extremos, al enfrentamiento abierto con la sociedad y el Estado del que se supone que forman parte, como han ilustrado bien algunos de los directores de cine que han proporcionado esa otra mirada sobre los inmigrantes, como *La Haine* (1995) de M. Kossowitz, *Los Miserables* (2019) y *Los indeseables* (2023), de Ladj Ly, o *Atenea* (2022), de Romain Gavras).

Lo cierto es que la mirada dominante cada vez más en Europa acerca de las migraciones, pretende construir a los inmigrantes como sujetos invisibles, o en todo caso, pasivos, que no deben modificar a la sociedad en la que viven. Es una concepción absolutamente acientífica, pues donde hay relaciones sociales, interacción, no pude no haber cambio en las dos direcciones: no sólo cambios en las pautas de vida de los que llegan, sino también en las de los que forman parte de la sociedad a la que llegan. Pero nuestra mirada impone su caracterización como extranjeros que nunca deben dejar de serlo: están invitados a trabajar durante un período de tiempo, pero no se espera ni se quiere que se conviertan en unos más de nosotros, desmintiendo así la retórica de la integración. Conforme a esa mirada dominante sobre la inmigración, los inmigrantes no deben modificar la sociedad que les recibe, no deben dejar huella. Obviamente, eso significa que, en el mejor de los casos, se le reconocerá un status de derechos que, por definición, no aspirará a la igualdad con los derechos de los trabajadores nacionales, ni, menos aún, de los verdaderos titulares de derechos, los ciudadanos. Esa es la razón de lo que luego analizaré como estatus de subordiscriminación, que preside las legislaciones migratorias, definidas en no pocos casos con el eufemismo no inocente de *legislaciones de extranjería*, pues la condición de extranjería es la que se trata de imponer como primera definición al inmigrante. Eso quiere decir que muy difícilmente pueden aspirar a ser un ciudadano. Exactamente igual que lo que advirtiera Arendt en su día respecto a los refugiados, que nunca dejarían de ser extranjeros: esos *otros* a los que se acoge, con una mirada típicamente paternalista, disfrazada de humanitarismo, el que practicamos debido a nuestra superior calidad moral, propia de quienes abren sus puertas a esos *pobres desgraciados* necesitados de acogida y asilo que no, en modo alguno, en el reconocimiento de que los que piden refugio *tienen un derecho.* Es decir, una contradicción con el principio jurídico de que los refugiados son titulares de derechos reconocidos por la Convención de Ginebra de 1951 y el Protocolo de Nueva York de 1967 y, por tanto, todos los Estados-parte en esos Convenios reconocen que tienen *obligaciones jurídicas*, deberes exigibles, respecto a quienes acrediten esa condición de refugiados.

Invisibles. Ese es el status deseado para inmigrantes y refugiados, como lo ha sido durante siglos para esos *otros* que simbolizan la diferencia (étnica —racial—, cultural, religiosa, nacional, lingüística). Por eso, se ha ensayado diferentes medios de gestión de la llegada y de la presencia, o de la existencia previa de los diferentes, de la segregación (ghetto) a la expulsión o a la eliminación. Como antes con las mujeres y los esclavos —y ahí está el testimonio de Aristóteles en una de las piedras fundacionales de nuestra cultura— así hacemos hoy con los inmigrantes e incluso, retorciendo el concepto hasta el extremo, vaciándolo de contenido, con los refugiados que, según ha quedado claro en la gestión que llevaron a cabo los Estados miembros de la UE y la propia UE de la mal llamada "crisis de refugiados", desde 2013 hasta hoy, no son otra cosa que aspirantes a refugiados, viajeros congelados en su viaje de vida o muerte porque no queremos que lleguen hasta nuestra tierra. No queremos que sea una etapa en un viaje que podría tener como meta el encuentro con una nueva patria, aquella a la que han llegado.

Capítulo 2

Las migraciones como cuestión política, frente a las políticas que usan la inmigración

LAS MIGRACIONES, TEST CIVILIZATORIO Y CUESTIÓN POLÍTICA

He señalado ya que, a mi juicio, nuestra mirada, nuestra respuesta a la realidad de las migraciones constituye un test civilizatorio y una cuestión radicalmente política.

Si reconocemos que para los seres humanos -a diferencia de los árboles—, el hecho de necesitar de arraigo no nos impide desplazarnos, podemos deducir fácilmente que la movilidad humana, lejos de ser un inconveniente para la civilización, es, en realidad, un factor decisivo de la misma. Somos civilizados porque nos movemos, porque interactuamos con quienes son distintos de nosotros. Por eso, como he avanzado, el modelo de una sociedad civilizada reside en la capacidad de tomar en serio la hospitalidad, la pluralidad, la diferencia, en constituir una "sociedad abierta", como enseñó Popper. Es lo que se ha llamado, con una expresión del filósofo Margalit, "sociedad decente": una sociedad civilizada es aquella capaz de incluir en condiciones de igualdad a todos los que aparecen como otros, a quienes percibimos como ajenos a la comunidad del nosotros. Una sociedad decente es la que hace suya el lema de una *ciudad sin exilio*, tal y como escribió el poeta francés Péguy o, por decirlo con Honneth, aquella cuyas instituciones no humillan a las personas sujetas a su autoridad y cuyos ciudadanos no se humillan unos a otros, aquella en la que no cabe el menosprecio del otro.

En buena medida, el reto mayor y aún pendiente para las democracias, consiste en salir del "síndrome de Atenas", que institucionalizaba una democracia con exclusión (la de las mujeres, los extranjeros y los esclavos). Con esa expresión me refiero a la contradicción de la que adolece el primer modelo democrático de nuestra tradición política, una democracia, la ateniense, que instituye un alto grado de exclusión de los sujetos que son protagonistas del espacio público.

En efecto, el modelo ateniense se nos muestra guiado por ideales de civilización, justicia, racionalidad, bienestar y progreso, pero exige asimismo dos pilares absolutamente inaceptables: la exclusión. De las mujeres y la de los bárbaros e ilotas y los esclavos, es decir, la institucionalización de dos mecanismos de exclusión de la ciudadanía, aún más, de negación de la condición mínima de persona en cuanto sujeto del derecho a tener derechos.

El modelo de democracia que parece construir la UE tiene ese riesgo, el de la exclusión institucional y la discriminación de derechos de quienes no son ciudadanos europeos por no ser nacionales de un estado de la Unión, los *extranjeros,* e incluso peor con aquellos que son infraciudadanos, los nuevos *esclavos,* los inmigrantes extracomunitarios que reviven la institución de la esclavitud en su original funcionalidad económica y común estatuto jurídico de infrasujetos. Es el riesgo de lo que Balibar ya denunció como una sociedad profundamente dualizada, por la existencia de lo que él denomina "fronteras interiores de la democracia", que no son las de los pasaportes, sino las de la segmentación y, aún más, la desvertebración social, consecuencia sobre todo de la creciente vulnerabilidad y precariedad del empleo. La retórica europea oficial tiende a minimizar semejante riesgo en aras de una autocomplacencia que difunde la imagen ejemplar de la democracia europea, espléndida en su aislamiento frente al acoso de los bárbaros, parte de los cuales engrosan el contingente de mano de obra que asegura de nuevo su prosperidad. Probablemente haría más justicia a ese proyecto la imagen decadente del *viejo continente,* cuya hora ha pasado e, incapaz de competir en el mercado global, se atrinchera para salvar lo que se pueda. Este proyecto europeo al que corremos el riesgo de encaminarnos, no parece el heredero de los *universales* que Europa ha legado a la humanidad, como los cánones grecorromanos de belleza, conocimiento, Derecho y justicia, los del humanismo y la Ilustración, sino de otros *universales* de los que Europa no puede estar tan orgullosa, como la esclavitud, el colonialismo, el racismo, la explotación de los trabajadores, la exclusión.

Una democracia sin exclusión, una democracia que supere ese síndrome de Atenas, exige reconocerse como sociedad abierta, en la que las diferencias no comportan desigualdad ni humillación del otro. Es aquello que ya advirtiera Horacio en sus *Sátiras*: *Quid rides? de te fabula narratur*: es decir, no podemos menospreciar, ni burlarnos —tampoco compadecernos paternalistamente— de la condición de los inmigrantes, porque esa es nuestra propia condición. La condición de los inmigrantes no es ajena, es la nuestra, puesto que todos compartimos la condición básica de los seres humanos, y con ello la dignidad. La ofensa a sus derechos es ofensa a los nuestros y sólo podemos tratar de justificar la falta de garantía y reconocimiento de esa dignidad y de sus derechos y los deshumanizamos. Frente a la narrativa tóxica que insiste en subrayar su diferencia como incompatible y amenazadora, nuestra tarea es combatirla y depurar las políticas migratorias de esa carga contaminante, incompatible con la democracia y el Estado de Derecho.

Aceptar que las migraciones son una cuestión radicalmente política comporta el esfuerzo de construir una política migratoria a la altura de los desafíos que llevan consigo los movimientos migratorios y, sobre todo, la creciente presencia de inmigrantes en nuestras sociedades, fruto —de un lado— del incremento exponencial en el acceso telemático a la información y de los medios internacionales de desplazamiento y —de otro—, de las exigencias de disposición de mano de obra, deslocalizada o desplazable, impuestas por la lógica internacional del mercado.

Lo cierto es que necesitaríamos abordar en serio los cambios que han de producirse en nuestra concepción de la política, aún anclada en realidades sobre las que se construyó el Estado nación, como la supuesta homogeneidad social y cultural exigida por la cohesión y la estabilidad políticas, la identificación entre nacionalidad y ciudadanía, la visión del extranjero como una presencia pasajera e irrelevante (salvo que se trate o se le convierta en un amenaza) y una concepción de modelos de vida en los que el nacimiento marca todo el recorrido político e incluso vital, una suerte de aislacionismo como el que muestra la realidad social de la *deep America*, en una buena parte de la perspectiva vital de los ciudadanos estadounidenses que viven sin pensar en un pasaporte. La llegada constante de inmigrantes (y no la relativamente accidental de los irregulares que arriban en patera, una realidad estadísticamente insignificante, por más que la magnifiquen los medios y los partidos que tratan de explotar el leit motiv del miedo al extraño, a la invasión) y sobre todo el incremento de su presencia estable entre nosotros, debería obligarnos a repensar la construcción de un contrato social y político basado en realidades y procesos sociales que hoy sufren profundas transformaciones.

Se trata de aceptar que los inmigrantes no pueden ser considerados como infrasujetos, personas con un déficit de autonomía, en cuanto *menos civilizados* (la visión paternalista y seudohumanitaria), ni tampoco como herramientas de trabajo (más que trabajadores y en todo caso sólo como trabajadores, no como sujetos plenos de derechos), sino que han de ser reconocidos como titulares de derechos -y de deberes en igualdad con los nacionales. Por tanto, el contrato social y político demediado que ahora les ofrecemos, debe cambiar. La condición de extranjería como barrera infranqueable para la atribución de derechos (con el epítome de los derechos políticos) carece de sentido y aún más en el caso de los europeos, cuando ningún europeo es ya un extranjero en el seno de la Unión. Ya no se puede justificar el status de subordiscriminación (discriminación en derechos, unida a la condición de infrasujeto en el espacio público, político) que atribuimos hoy, de forma natural, a los inmigrantes, incluso a los inmigrantes legales con residencia estable, qua extranjeros. Y tampoco podemos mantener una visión de las relaciones internacionales en orden a las políti-

cas migratorias, basada en una perspectiva unilateral, colonial, instrumental

COMBATIR UNA NARRATIVA TÓXICA
SOBRE LAS MIGRACIONES

Aunque las migraciones son una cuestión radicalmente política, incluso civilizatoria, porque
afectan a las categorías básicas de la política, la
soberanía y la ciudadanía en el orden estatal y la
condición de extranjeros, transnacionales y las
relaciones de desigualdad en el orden internacional, cosa muy distinta es lo que encontramos
como política migratoria habitual, que consiste
en hacer política con la inmigración como coartada, esto es, en utilizar los referentes migratorios como instrumentos de la dialéctica partidista en la confrontación política por el poder,
en clave electoralista. Ahí es donde cobra fuerza
lo que he llamado narrativas tóxicas, que son
utilizadas por los partidos políticos, pero también por los medios de comunicación y sobre

todo por las redes sociales, que recurren a esas narrativas como coartada o herramienta en la disputa partidista por el poder. Y es así como aparece el recurso a la narrativa tóxica sobre las migraciones, repleto de falacias, mitos y manipulaciones, como ha analizado el sociólogo de Haas y como, por fortuna, desmontan una y otra vez plataformas y organizaciones que someten esas falsedades a tests de verificación con los hechos.

Se trata de una narrativa que es tóxica, porque parece mojar las palabras en veneno, para estigmatizar o incluso criminalizar a ese constructo social que llamamos migrantes. La palabra tóxico, tiene su raíz en el griego τοξικον φαρμακον (tóxikon pharmakon), *veneno para las flechas*. A mi juicio, en materia de política migratoria estamos en eso, en *envenenar los dardos que son los mensajes, las palabras*. Y los juristas somos conscientes de la capacidad performativa, la competencia para atribuir un determinado significado a las palabras, una función que cumple con fuerza vinculante el Derecho.

El punto de partida de esa narrativa es el recurso a la falsedad, a la mentira. Con desprecio absoluto por los hechos, se promueve una representación de los inmigrantes que corresponde a un tópico bien conocido, propio de concepciones políticas basadas en la utilización del miedo al otro, a quien se presenta como extraño a nuestros valores, cultura y modo de vida e incompatible con los valores y principios de la democracia y de la sociedad del bienestar (de nuestro bienestar, construido por cierto en no poca medida sobre el trabajo precario y la condición demediada, social y política, a las que se somete a los inmigrantes, factor decisivo de ese bienestar, como lo demuestra su contribución tan decisiva como omitida al mal denominado "milagro alemán). Es la vieja tesis del enemigo externo o, incluso peor, el enemigo dentro de nuestras puertas.

Se presenta a los inmigrantes según el estereotipo de *esquiroles*, que compiten deslealmente en el mercado laboral, *gorrones* que se aprovechan de los beneficios del Estado de bienestar (en educación y sanidad, sobre todo) y *ejército de reserva de la delincuencia*. Se les tacha de *ilegales*, es decir, de delincuentes, cuando el hecho de emigrar sin regularidad administrativa no es un delito. Y se añade la xenofobia cultural: los inmigrantes son una amenaza por su "radical incompatibilidad" con nuestra cultura (aquí se apunta a una amalgama de musulmanes, árabes y africanos). Conforme a esta narrativa, los inmigrantes son un peligro para nuestra cohesión social porque amenazan nuestra identidad, aunque sepamos que las identidades son un constructo dinámico, cada vez más mestizo. Esos estereotipos, más bien fobotipos, son los mensajes que difunden hoy en nuestro país partidos políticos abiertamente xenófobos y supremacistas, como sucede hoy en España con partidos como

Vox y Aliança Catalana, sus redes sociales y una parte de los medios de comunicación. Y el problema es que desde la derecha liberal-conservadora no se combaten esos fobotipos.

Las redes sociales están cada vez más dominadas por esta narrativa tóxica que utiliza sin reparo la pérdida del respeto, la deshumanización del otro. Esa, como advirtió Todorov, siguiendo el mensaje de Montaigne y Montesquieu, es la condición que permite abolir la conversación igualitaria entre quienes son diferentes y normaliza la pretendida justificación de la desigualdad (so pretexto de incompatibilidad, de amenaza para la cohesión social, para nuestro estilo de vida) en aras de esa diferencia.

Y, además, esa narrativa tóxica usa sin rubor un falseamiento de los datos. Pondré dos ejemplos a propósito de dos tópicos de esa narrativa.

El primero, relativo a la famosa *crisis de refugiados* que se produjo al hilo de la guerra civil en Siria, que obliga a una parte importante de su población a traspasar sus fronteras, buscando refugio en los países limítrofes: Turquía, Líbano, Jordania. Sin duda, se trataba de un movimiento masivo que, en el caso de Alemania, por decisión que honró a la canciller Merkel y tuvo un enorme coste político, supuso abrir sus puertas, en cumplimiento del Derecho internacional de refugiados, a un número de personas que la prensa sensacionalista cifró cercano al millón de refugiados. Lo cierto es que se impuso el mensaje de que los europeos estábamos amenazados por una extraordinaria y masiva invasión de refugiados que desbordaría todos nuestros recursos. Piense el lector por un momento: incluso si hablamos de un millón de refugiados, ¿es realista pensar que eso superaba la capacidad de respuesta de la UE, la tercera potencia económica mundial, que reúne a 450 millones de habitantes? ¿Tan difícil era organizar una respuesta solidaria como la que adoptó la propia UE sin muchos problemas

91

unos años después, ante la diáspora de ciudadanos ucranianos conciencia de la invasión rusa y de la guerra que continúa hoy? Baste pensar que si España hubiera recibido un número de refugiados sirios equiparable a los que acogió el Líbano (donde 1 de cada 4 habitantes es un refugiado), estaríamos hablando aproximadamente de 10 millones de refugiados. Recordemos que la propia Comisión Europea en su propuesta de respuesta a esa crisis, en mayo de 2015 (la denominada Nueva Agenda europea de inmigración y asilo), pensada para procesos de reubicación en la UE de los refugiados llegados a Italia y Grecia y luego procesos de reasentamiento de quienes se encontraban en los campos de acogida en Jordania, Líbano, Iraq o Turquía, no utilizaba una cifra que superara un total de 160.000 refugiados. Ese número ¿justificaba la repuesta insolidaria de buena parte de los gobiernos de la UE que acabó abortando la propuesta?

Segundo ejemplo: la preocupación generalizada ante la llegada de inmigrantes irregulares por mar, en la ruta oriental y central del Mediterráneo, hacia costas griegas e italianas (y de Malta) y, a través de la ruta atlántica que supone llegadas de cayucos desde las costas del Africa occidental (de Mauritania a Senegal), a las islas Canarias, considerada hoy la ruta más mortífera por el coste de vidas humanas de quienes emprenden ese viaje.

Señalaré que Frontex, la agencia europea de fronteras, establece que en 2024 la llegada de inmigrantes irregulares se cifró en 239000 personas. Eso supone un 38% menos que en 2023 y el nivel más bajo desde 2021, cuando las migraciones se veían afectadas por la pandemia. Se advierte un descenso importante en las llegadas desde Túnez y Libia y a los Balcanes occidentales (fundamentalmente, Croacia y Hungría). La ruta que crece es la atlántica, que lleva a Canarias (casi 47.000 personas, un 18% más), pero la más transitada es la del Mediterráneo oriental hacia Grecia (casi 70.000 personas, un 14% más).

Ahora bien, toda esa preocupación -que está justificada porque todas las vidas humanas que se pierden son valiosas—, ¿es de verdad una invasión, un desbordamiento inasumible? ¿Podría tratar de responderse de otra manera, estableciendo rutas legales y seguras? La respuesta es sí. Porque la realidad es que el número de quienes llegaron en 2024 a esas islas se cifra en 46843 personas, lo que supone un incremento del 17,4% respecto a 2023, ciertamente. Pero la pregunta es: aunque desde luego tales llegadas desbordan la capacidad de Canarias, ¿son inasumibles por un Estado como España? Aún más: esas llegadas, en lo que se refiere a menores no acompañados, el gran problema que paraliza hoy cualquier propuesta de reforma de la ley de extranjería, se estiman en poco más de 5000 menores que, desde luego, superan la capacidad de las islas. Pero ¿es realista que 5000 menores constituyan un problema imposible de solucionar en un país como España? Y, desde luego, ¿cabe aceptar sin grave detrimento del Derecho, que un país como España, en el que está vigente la Ley orgánica de protección el menor y que es Estado parte de la Convención de derechos del niño de la ONU, se plantee no cumplir con los deberes jurídicos que impone esa legislación para con los derechos de esos menores?

Desde la derecha europea, en Francia, en Italia y en Alemania, esa narrativa tóxica se convierte en hegemónica. Pensemos en la crisis de la coalición de gobierno alemana, uno de cuyos factores es el mensaje-guía de la extrema derecha, el partido *Alternativ für Deutschland* (AfD), hoy segundo en las encuestas electorales, pero también por parte de una izquierda que asumió el relato de la necesidad de lo que se denomina con el eufemismo *Remigration (Rückwanderung oder Rückkehrmigration)* que, en realidad, supone un proyecto de expulsión masiva guiado por componentes etno-raciales. Una expulsión masiva de los inmigrantes y refugiados que ha sido aceptada también como mensaje electoral por esa nueva izquierda alemana fundada por Sara Wagenknecht (que da nombre a su nuevo partido, *BSW*) y que le proporciona notables réditos. Eso supondría, lisa y llanamente, dejar a un lado los deberes jurídicos que derivan de la condición de Estado-parte en la Convención de Ginebra (como lo son todos los estados de la UE). Lo mismo proclama una parte de los Estados europeos del este, los componentes del grupo de Visegrad, con Hungría, Polonia y Eslovaquia en cabeza.

Pero es que, como veremos en el tercer capítulo, ni siquiera el muy restrictivo Pacto Europeo de Migración y Asilo, aprobado en abril de 2024 ha parecido suficiente a 10 gobiernos de la UE, que ese mismo mes dirigieron una carta a la presidente von der Leyen, para exigir mayores restricciones, que incluyen abrazar la externalización de las fronteras y procedimientos sumario de expulsión colectiva que llevan al límite la ya de suyo muy discutible Directiva de retorno de 2008, que posibilitaba la adopción de medidas que pugnan con las garantías del Estado de Derecho. La narrativa tóxica, con la inestimable ayuda de los lobbys utraconservadores norteamericanos encabezados por Bannon y la abierta interferencia política de la red y los medios de Elon Musk, amenaza con la imposición de ese relato migratorio, sin alternativa. Así lo acepta el gobierno Meloni, pese a que su iniciativa de externalización de campos para expulsión de inmigrantes a Albania, ha recibido una negativa clara por parte de los tribunales de justicia italianos.

Capítulo 3
La lógica jurídica propia de nuestra política migratoria y de asilo

A mi entender, el estudio comparado de los instrumentos jurídicos de las políticas migratorias europeas conduce a algunas conclusiones sobre el espíritu, la lógica jurídica de esas políticas, que se pueden definir en torno a tres tesis principales:

a) La concepción de los inmigrantes como sujetos jurídicamente demediados, o, si se prefiere, como sujetos de un *infraderecho*, un Derecho distinto, un Derecho de excepción. Se trata de una lógica jurídica que tiene ciertas similitudes con la construcción de política criminal ensayada en la Alemania nazi que dió pie a la teoría del "derecho penal del enemigo", que algunos pretenden aplicar hoy a terroristas y narcocriminales, como la respuesta más eficaz para que "los enemigos del Estado de Derecho no puedan aprovecharse del Estado de Derecho".

b) Una mirada centrada en presentar las migraciones como cuestión de orden público, de seguridad y en clave del beneficio de mercado, lo que determina la obsesión en centrar la respuesta migratoria en el control de fronteras y en su externalización. Es lo que la escuela de Copenhague ha denominado imperativo de la securitización, esto es, un discurso basado en la definición de los inmigrantes como una amenaza grave para la seguridad y el orden público, lo que exige el despliegue de un arsenal normativo, de instituciones y prácticas de fuerte control, bajo la idea de contención de esa amenaza.

c) Todo ello determina también una política migratoria basada en la idea de que los inmigrantes son el recurso adecuado para asegurar una reposición barata y eficaz de los nichos laborales, lo que lleva consigo el establecimiento de condiciones precarias e incluso laberínticas para obtener una residencia legal y estable.

LA CONSTRUCCIÓN JURÍDICA DE INMIGRANTES Y REFUGIADOS COMO INFRASUJETOS DE DERECHO

Ya he explicado en los dos capítulos anteriores los reduccionismos que subyace al genérico "los inmigrantes". Y cómo bajo ese genérico se atribuye a todos los inmigrantes características que, en el mejor de los casos, sólo son propias de algunos de ellos.

Además, esa visión genérica, "los inmigrantes", parte de una hipótesis reductiva: la pretensión que se trata de imponer y que consiste en hacer ver que la única razón de atención a los inmigrantes es su condición de fuerza de trabajo, de trabajadores. Según eso, los inmigrantes sólo existen como trabajadores, en el mercado formal de trabajo, lo que supone ignorar conscientemente o, peor, negar la existencia de inmigrantes que no llegan como trabajadores, comenzando por las familias de los inmigrantes (que solo existen como tales miembros de su familia), o de los trabajadores inmigrantes empleados en lo que denominamos economía clandestina o sumergida, la mayor parte de ellos, irregulares o, como suele denominárseles todavía hoy en muchos círculos, trabajadores o inmigrantes *ilegales*.

He subrayado también antes el propósito estigmatizador que subyace al uso de esa categoría "inmigrantes ilegales", porque ese término, *ilegales*, tiene importantes consecuencias, también simbólicas. Sirve para la función de estigmatización (de extranjerización, en la acepción más peyorativa) de esos trabajadores al presentarlos como un peligro, al asociarlos a la delincuencia y así se justifica un doble proceso de discriminación: *qua* extranjeros y *qua* delincuentes. En suma: gentes que no pueden tener y ni siquiera pueden aspirar a tener la condición de igualdad en derechos.

Lo que me parece más importante es resaltar que esos reduccionismos parecen responder a una concepción de la política en la que la vida de los otros es objeto de cálculo de coste (la política migratoria suele reducirse a cifras, a cupos que expresan los inmigrantes "admisibles" y por cuánto tiempo lo son) y por tanto carece de valor intrínseco en la medida en que no resultan rentables o dejan de serlo. Una política que guarda semejanza con la política colonial, remozada con el lenguaje propio de la etapa del capitalismo neoliberal en que vivimos, en el que el proyecto de la democracia inclusiva parece quedar orillado. Por el contrario, se refuerzan los mecanismos no sólo de desigualdad, sino de exclusión social y política y privación a una parte de la población de los beneficios del crecimiento económico al que ellos mismos contribuyen. Ese es el rasgo, la exigencia más notable del modelo de capitalismo neoliberal en esta etapa de la evolución del proyecto del mercado global, que trata de obtener una desregulación que permita liberarse incluso de la sujeción a normas básicas como las que responden a la garantía de derechos humanos elementales entendidos como universales. La vida también: la condición de ese precariado al que son conducidos los inmigrantes y en particular los irregulares, parece próxima a la de caducidad u obsolescencia programada, al igual que la de las mercancías.

LA LÓGICA POLÍTICA MIGRATORIA COMO ESTADO DE EXCEPCIÓN PERMANENTE

En algunas ocasiones he acudido a la alternativa que daba título a un libro-entrevista, en el que se recogen las reflexiones de la jurista francesa Danièle Lochak, inspiradas en parte en las tesis del filósofo Giogio Agamben. Se trata de *Migrations: état de droit ou état de siége?*. Para Lochak, hay una alternativa básica en materia de política migratoria y de extranjería: o se opta por cumplir con las exigencias del Estado de Derecho, como parecería obligado, o se crea para inmigrantes y extranjeros una legalidad diferente, la que es propia del estado de excepción.

Nuestras políticas migratorias bordean de continuo esa posibilidad: crear para los inmigrantes un status jurídico que no es acorde con la exigencia plena del Estado de Derecho (igualdad y seguridad en las libertades, reconocidas en la ley y garantizadas por un poder judicial independiente), para construir un cierto status de sujetos jurídicos de segunda clase, especialmente si hablamos de los inmigrantes irregulares, desde luego. El botón de muestra es la resistencia a reconocer a los menores inmigrantes no acompañados como lo que son: ante todo, niños, menores y por tanto sujetos de derechos, y no inmigrantes irregulares.

Probablemente no hay categoría como la de subordiscriminación, para explicar mejor ese proceso de excepcionalidad y exclusión institucional al que se somete a buena parte de los inmigrantes forzados. La subordiscriminación es un término acuñado en el seno de la crítica jurídica feminista en los EEUU (sobre todo por Crenshaw o CE.Mackinnon), que proponen también el de «discriminación interseccional».

En nuestro país, en el ámbito de la iusfilosofía y del análisis del Derecho antidiscriminatorio, autoras como Añón, Barrére, Mestre, Solanes y Rubio han contribuido a esta conceptualización.

El status de inferioridad en la condición de sujetos del espacio público, unido a la "naturalidad" de cierta discriminación en derechos, me parece adecuado para describir la situación en que se encuentran quienes —aunque consiguen instalarse como residentes legales— siguen siendo denominados *inmigrantes*, ni siquiera *inmigrados*. Estos son dos términos que explican la diferencia entre concebir que su condición permanente es la de no dejar de ser ajenos a la sociedad que los recibe (no dejarán nunca de ser inmigrantes, e incluso se habla de "inmigrantes de segunda o tercera generación", cuando en realidad se trata sencillamente de ciudadanos), y el status que expresa que se ha adquirido un resultado, esto es, que son ya inmigrados. Aunque la referencia de una u otra manera al hecho de que son o han sido protagonistas de esa movilidad significa que quienes son *newcomers*, incluso si consiguen nacionalizarse y con ello adquirir la ciudadanía, nunca podrán ser como el ciudadano que lo es de cuna, el nacional de origen.

Esa condición de no sujetos del espacio público junto a la de discriminación "justificada" que viven los inmigrantes, incluso si llegan a ser residentes legales, insisto, pone de manifiesto que la mirada propia de nuestras políticas migratorias supone un elevado riesgo de hacerles vivir en una suerte de esquizofrenia democrática que, reproduciría el síndrome de Atenas al que me he referido ya. Un círculo vicioso, porque pareciera que la invisibilidad (política, pública; al menos, un estatus de sumisión, una suerte de compromiso de no luchar por sus derechos) es la condición para acceder a la legalidad. Pero esa invisibilidad les precariza y hace inviable el objetivo de igualdad. Y cuando optan por la visibilidad, aparece con claridad el discurso no sólo discriminatorio sino desigualitario, que utiliza la técnica jurídica de la fragmentación o multiplicación de estatus, cada uno de los cuales comporta derechos muy diferentes, como se advierte nítidamente en la vía de la reciprocidad emprendida en nuestro país para el pacato reconocimiento del derecho al voto, en aras de una interpretación tan literal como, a mi juicio, mezquina del artículo 13 de la Constitución, que supedita el reconocimiento de derechos que son derechos personales, a una voluntad ajena a tales sujetos, la del Estado del que son nacionales.

Se trata de una lógica de fragmentación y jerarquización política que, como ha señalado la especialista en migraciones Catherine Withol der Wenden, multiplica la tipología de estatus públicos en relación con la ciudadanía: hoy, en la UE, en lugar de los tres estatus clásicos (ciudadanos/nacionales, extranjeros y *denizens*), podríamos distinguir hasta ocho status políticos distintos: nacionales, ciudadanos de la UE residentes, ciudadanos de la UE no residentes, no UE residentes —los sujetos de la directiva 2003—, no UE temporales, demandantes de asilo, sin papeles no expulsables y sin papeles expulsables y ello además sin tener en cuenta la estratificación entre no-UE trabajadores cualificados —los más deseables— y no cualificados y, además, la pendiente resbaladiza, la vulnerabilidad que amenaza a todos los no-UE residentes.

LAS FRONTERAS COMO ESPACIO DE NO DERECHO Y LA DIMENSIÓN CONCENTRACIONARIA DE LA POLÍTICA MIGRATORIA Y DE ASILO

Una pieza muy importante de esta lógica es la construcción de las fronteras como espacios de infraderecho, o no derecho y, junto a ello, la pretensión de externalizar el control de fronteras, con el recurso a un universo concentracionario, esto es, la creación en todo el territorio de la UE, a partir de la Directiva de retorno de 2008, de Centros de internamiento de extranjeros para asegurar los procedimientos de expulsión. Esa opción empuja a subarrendar esa función y esos instrumentos de control migratorio, también mediante el recurso a acuerdos bilaterales con los países de origen y tránsito, a los que se encomiendan las funciones de policía y se les obliga a admitir contingentes de inmigrantes que pretendemos expulsar, esto es descargarnos de ello, aunque no sean nacionales de ese país o ni siquiera hayan transitado por él. Todo, bajo la coartada de una política de cooperación que, en realidad, es la zanahoria con la que se pretende que los gobiernos de esos países (en la mayoría de los cuales no se cumplen standards básicos de respeto de los convenios internacionales de derechos humanos) desempeñen tales funciones. Una configuración de las fronteras y controles que se une a la floreciente industria de seguridad fronteriza y que, para escapar a las exigencias del Estado de Derecho en el territorio de la UE, se pretende llevar a cabo en países terceros.

En su momento, para explicar las restricciones de la movilidad que sufren quienes no son reconocidos como sujetos plenos del derecho a la libre circulación (los ciudadanos de los países ricos, con las matizaciones que hay que hacer), acuñé el juego de palabras en castellano "vayas donde vayas, vallas". Frente a los inmigrantes, y también frente a quienes busca refugio nos empeñamos en levantar muros, vallas, fosos que les impidan llegar. Se trata de restringir las vías legales y seguras que les faciliten ese acceso, al contrario de lo que proponen las recomendaciones de buenas prácticas en las que consisten los dos Global Compact aprobados por la Asamblea General de la ONU el 18 de diciembre de 2018 tras los acuerdos de Marrakesh. Erigimos muros, y decretamos que en las fronteras se puede relativizar los derechos, como lo muestra la doctrina de las devoluciones en caliente (refrendada por el TEDH, si bien, como ha precisado nuestro tribunal Constitucional, ello o supone exactamente un "cheque en blanco" a las prácticas policiales in control jurisdiccional). Creamos campos de internamiento, incluso islas-prisión, abandonamos a su suerte a menores, pagamos a terceros países sin importarnos su estándar de garantía de los derechos humanos. Financiamos y entrenamos a fuerzas que se asemejan más a mafias que a funcionarios públicos (como sucede en el caso de Italia y Libia) Y para externalizar ese control, como han decidido los gobiernos de Dinamarca, Austria o los Países Bajos, se trata por todos los medios de reducir al mínimo el número de solicitudes de asilo que nos veamos obligados a reconocer. Lo mismo practicamos con los inmigrantes, para asegurarnos de que solo lleguen los que sean estrictamente necesarios para las exigencias de nuestro mercado de trabajo y solo mientras su presencia incrementa la cuenta de beneficios. Y si hablamos de los inmigrantes irregulares, hemos alcanzado el punto de cinismo de sostener que la pérdida de vidas, el riesgo que afrontan en el desesperado proyecto migratorio y que llena de cadáveres las arenas del Sáhara y las aguas del Mediterráneo, no nos incumbe, porque solo desde una posición buenista, frívolamente irresponsable desde el punto de vista político, se puede pedir que asumamos su protección: no podemos hacernos cargo de toda la miseria del mundo, se repite invocando el viejo aserto de Rocard.

Sin perjuicio de lo que analizaré en el último apartado de este capítulo, permítame ahora el lector que mencione lo que considero la deriva más grave de la política migratoria y de asilo, la que se vive en los EEUU y también en la Unión Europea, respecto al estatuto de los refugiados y a la restricción cada vez mayor del derecho de asilo y de la protección internacional subsidiaria a éste.

Probablemente sea Australia el país que se adelantó de forma más cruelmente eficaz en el recorte del derecho de asilo y su externalización. Fue en el año 2001, con ocasión del intento de llegar a su territorio de un barco noruego, el Tampa, cargado con 433 refugiados en su mayoría afganos que habían naufragado cerca de Australia, cuando la marina de guerra australiana lo bloqueó y recondujo a los refugiados a la isla de Nauru (a 4000 km al norte de Australia), donde "subarrendó" su internamiento con prohibición terminante de que pudieran plantear su caso ante la administración y los tribunales australianos. Sucesivamente (en 2001, 2002 y 2014, por ejemplo), llevaron a cabo otros desplazamientos de barcos con refugiados o inmigrantes, a Nueva Zelanda, a Nauru u otras islas, con el objetivo de confinar lejos de Australia los que pretenden pedir asilo en Australia e incluso a los inmigrantes no deseados, en su muy selectiva política migratoria.

En realidad, esas políticas de externalización consisten en derivar o subarrendar el control de inmigrantes y refugiados a países terceros, habitualmente países de tránsito. Este modelo arrancó de una hipótesis sobre la política migratoria que tiene bastante que ver con la política oficial alemana que durante decenios negó que en Alemania existieran inmigrantes, sino *Gastarbeiter*, trabajadores extranjeros invitados. Se sostenía la ficción de que no se recibían inmigrantes que pudieran albergar el proyecto de quedarse a vivir de forma estable en Alemania, sino sólo el número de *trabajadores* inmigrantes estrictamente necesarios para mantener nichos laborales deficitarios y sólo mientras persistiera esa necesidad. Por tanto, su presencia es concebida como provisional y se supone que no planteaba la cuestión de la integración, porque estaban destinados a regresar a sus países de origen. Tal hipótesis vez exige aceptar que es posible establecer el número exacto de los trabajadores extranjeros que se necesita recibir, como en un sistema de vasos comunicantes entre ese número de trabajadores extranjeros y los puestos de trabajo disponibles en el mercado formal de trabajo, una idea desmentida por el hecho de que los propios empleadores en no pocos casos son quienes fomentan el empleo clandestino de inmigrantes irregulares.

A ese modelo de política migratoria, que en realidad no quiere inmigrantes estables y trata de mantenerlos como extranjeros (impidiendo o dificultando su naturalización y sosteniendo como modelo general migratorio el de la inmigración circular, que sí funciona en los trabajos de temporada), es funcional la narrativa estigmatizadora de inmigrantes y refugiados a la que ya me he referido, y que justifica la necesidad de establecer rígidos controles fronterizos para evitar que entre los que dicen llegar como inmigrantes se infiltren delincuentes (no digamos, terroristas) que constituirían una grave amenaza para nuestra cohesión social y nuestra identidad.

La consecuencia de tal concepción es que resulta una exigencia prioritaria asegurar que nos libremos cuanto antes de los inmigrantes que no sean estrictamente necesarios como trabajadores. También hay que librarse de los "falsos" solicitantes de asilo, porque no pocos gobiernos de la UE, y la propia UE sostienen que hay un grave riesgo de que muchos inmigrantes irregulares se disfracen de solicitantes de asilo, porque el marco jurídico internacional de los refugiados les proporciona mayor seguridad y cobertura en derechos y hace más laborioso librarse de ellos. Es decir, el leit motiv común es librarse lo más rápidamente posible de los "excedentes", que son los "falsos inmigrantes", lo que incluye tres grupos

1) Inmigrantes irregulares —mal llamados "ilegales"— por haber ingresado clan-

destinamente en territorio de los países europeos, —el caso de las pateras y cayucos o del asalto terrestre o maritimo en frontera— o, en mucho mayor numero, de modo tramposo, es decir, con visado de turista, pero con el propósito de quedarse en el país, más allá de los meses que esos visados permiten

2) Inmigrantes que han caído en la irregularidad (por ejemplo, por la circularidad entre permisos de residencia y trabajo)

3) Los falsos solicitantes de asilo o protección internacional que ven rechazada su solicitud. Pero que permanecen mucho tiempo bajo el "cuidado" de los gobiernos europeos porque los trámites son demasiado lentos.

Pues bien, en aras de esa concepción de la política migratoria, no pocos gobiernos de la UE y la propia UE han llevado a cabo iniciativas legislativas de dudosa legitimidad constitucional e internacional (sobre todo en materia de asilo) con el objetivo de optimizar los procedimientos de expulsión, aunque comportan en muchos casos un detrimento de las garantías jurídicas en frontera: el caso más claro es el de las denominadas *devoluciones en caliente,* prácticas de expulsión en frontera aceptadas aunque con matices por la Corte de Estrasburgo. Como ya he recordado, esa fue la razón de la directiva de retorno de 2008 y del impulso de un red europea de centros de retención previa a la expulsión (nuestros CIE), así como de la creación de los *hotspots*, esto es, los centros de retención en los que se internaba, por ejemplo en las islas griegas y en las italianas a quienes estaban a la espera de resolución de admisión, expulsión, y también a los pendientes de tramitación de solicitud de asilo (esto último, en violación de lo que establece el Convenio de Ginebra que prohíbe retener a los solicitantes de asilo como delincuentes, en centros de internamiento). Junto a esas medidas, no pocos gobiernos europeos se concitaron en la práctica de las expulsiones en vuelos colectivos (para economizar), que tienen por destino en muchos casos países que no son los de origen de los expulsados, lo que muestra la falacia de hablar de retornos o devoluciones), sino por los que se supone que han transitado los expulsados en su viaje para llegar a tierras europeas.

Pero esas medidas no se han mostrado suficientemente eficaces para el propósito de desembarazarse rápidamente de los *excedentes* no deseados. Por ello, la UE ideó como solución (y es la razón de ser de algunos de los reglamentos que componen el complejo pacto europeo de migración y asilo aprobado en 2024) los acuerdos bilaterales para la externalización de la policía de frontera, a fin de impedir la llegada o en su caso expulsar rápidamente a inmigrantes y solicitantes de asilo, aunque hasta ahora el marco jurídico del Derecho internacional de refugiados, considerablemente garantista (con su principio básico, el *non refoulement*, que prohíbe la devolución al país de origen donde son perseguidos o a un país no seguro) dificultaba más las expulsiones en este segundo caso. El hecho de que esos terceros países sean con frecuencia Estados con standards muy deficientes de reconocimiento de derechos humanos e incluso que no han ratificado algunos de los principales Convenios internacionales de derechos, o cuando menos con prácticas masivas atentatorias de derechos (Libia, Marruecos, Mauritania, Túnez, Egipto, Uganda, Ruanda, Nigeria, etc) y que las contrapartidas económicas vayan a parar a sus élites corruptas y no a sus poblaciones, no ha sido óbice para que la UE venga desarrollando ese método de externalización a través de convenios bilaterales.

En puridad, la adopción de esa política de externalización —la creación de centros fuera de la UE— fue propuesta oficialmente por el gobierno Aznar durante la presidencia española de turno de la UE, en junio de 2002, en el Consejo extraordinario de Sevilla), pero la oposición de Francia, Suecia e Irlanda, abortó esa propuesta. Luego, Berlusconi tomó el relevo de la iniciativa, mediante un acuerdo de colaboración en control migratorio con la Libia de Gadafi, en 2009 y los ministros de extrema derecha en sucesivos gobiernos italianos, con Salvini y Meloni como exponentes, han mantenido esos acuerdos, hasta el salto cualitativo de la propuesta de Meloni con Albania.

Un antecedente de especial relevancia en materia de acuerdos de externalización de la política europea migratoria y de asilo (en este caso, de "contención", más que de "devolución") fue el acuerdo de la UE con Turquía, en 2016, a propósito de la crisis de refugiados producida por la guerra en Siria. Cabe recordar que ese acuerdo fue objeto de durísimas críticas, por su difícil encaje con las exigencias de instrumentos internacionales en materia de derecho internacional de refugiados y que se aprobó por el impulso de los gobiernos de Grecia y Alemania.

Pues bien, hoy asistimos a una vuelta de tuerca en esa política de externalización, que consiste, en efecto, en que un país ajeno a la UE, pero definido como "seguro" reciba a los *expulsables* en un centro ad hoc. Ese ha sido el caso de Albania, en cuyo territorio se creó un centro de internamiento, pagado y gestionado por el gobierno de Meloni, Italia, para que desde ese país se llevaran a cabo los procedimientos de *triaje* (separar migrantes y solicitantes de asilo) y en su caso expulsión (disfrazada de retorno). Conforme a ese acuerdo, toda persona que intentara cruzar de forma ilegal la frontera italiana sería detenido y enviado al centro de internamiento creado en Gjadër, en Albania. Y no importa si se trata de un migrante que huye de la pobreza o de un solicitante de asilo con derecho a una protección internacional. La respuesta es la misma.

Precisemos que Albania no es un país de la UE, es decir, que no tiene los compromisos internacionales en materia de derechos internacional de los derechos humanos que tienen los gobiernos de la UE, ni dispone de medios para garantizar eficazmente los derechos humanos de inmigrantes y solicitantes de asilo. El convenio fue declarado contrario a Derecho por los tribunales italianos y el gobierno Meloni ha tenido que renunciar, por el momento, a esa iniciativa. Es importante dejar claro que el acuerdo con Albania supone un gravísimo riesgo de violación de garantías de derechos humanos de inmigrantes y refugiados y específicamente entra en colisión con el Convenio de Ginebra, ratificado, claro está, por Italia. Que Italia y Albania acuerden un procedimiento de detención automática de personas, es ilegal en Italia y con el agravante de que serán retenidas en Albania, un país en el que no hay garantías de que esas personas vean reconocido su derecho a establecer una solicitud para el procedimiento de protección internacional. De acuerdo con la Convención de Ginebra, ningún Estado puede expulsar o devolver a ningún refugiado a aquellos territorios donde "su vida o su libertad peligre por causa de su raza, religión, nacionalidad, pertenencia a determinado grupo social, o de sus opiniones políticas". Y por eso, es necesario que se garantice un procedimiento individualizado ante un juez.

Recordaré en todo caso que esa fue la misma vía que el gobierno Sunak pretendió poner en práctica, pero con un país a todas luces no *seguro*, como Ruanda, a través de un acuerdo entre el ministro del Interior del Reino Unido, James Cleverly, y el de Exteriores de Ruanda, Vincent Biruta, que firmaron en Kigali un tratado que permitía el envío al país africano de los migrantes que entrasen en territorio británico de manera ilegal. Una propuesta similar había sido estudiada por Dinamarca y hoy sabemos que los estudia el gobierno de coalición de extrema derecha y derecha de los Países Bajos. Antes de que el nuevo primer ministro Starmer abandonara esa propuesta, el Tribunal Supremo británico declaró ilegales tales devoluciones, básicamente porque existía la posibilidad de que los migrantes fueran devueltos a sus países de origen, donde podían terminar sufriendo persecución o trato inhumano. En resumen: podían ser beneficiarios de una protección internacional que ni siquiera estaba siendo valorada antes de ser expulsados. Es algo, a mi juicio, perfectamente trasladable como crítica al acuerdo entre Italia y Albania.

Conviene tener presente que ya no se trata sólo de la tradicional hostilidad de los países del grupo de Visegrad a la política migratoria y de asilo de la UE (ejemplificada en el rechazo de los gobiernos de Polonia y Hungría a aceptar cuotas de solidaridad obligatoria, en su rechazo a aceptar inmigrantes o refugiados musulmanes y, desde luego, en su denuncia de la utilización de flujos migratorios como instrumentos de guerra híbrida por parte de Bielorusia y la Federación rusa). Ahora, países como Finlandia, Austria o los Países bajos (además de Dinamarca) se alinean en esa propuesta de endurecimiento d las condiciones de acceso de los inmigrantes y en los recortes en el derecho de asilo.

Pues bien, hoy, cuando comienza el mandato de la segunda Comisión Europea presidida por von der Leyen, la situación es más preocupante. En efecto, tras la aprobación en abril de 2024 del ya muy restrictivo Pacto Europeo de Migración y Asilo, en el mes de mayo 15 de los gobiernos de la UE, suscribieron una carta dirigida a von der Leyen, en la que sostenían la necesidad de avanzar en el proyecto de externalización. Los gobiernos de esos países, Dinamarca, República Checa, Bulgaria, Estonia, Grecia, Italia, Chipre, Letonia, Lituania, Malta, Países Bajos, Austria, Polonia, Rumania y Finlandia postulaban la exigencia de recurrir a "fórmulas innovadoras" en el ámbito de la migración y el asilo bajo la coartada habitual de alentar al "establecimiento de asociaciones integrales, mutuamente beneficiosas y duraderas con países socios clave a lo largo de las rutas migratorias". La respuesta de la presidenta se produjo en octubre de 2014, en una carta dirigida a todos los líderes de los 27, y consistió en poner como ejemplo, expresamente, las iniciativas del gobierno Meloni.

Para terminar, quiero mostrar con un poco más de detenimiento lo que constituye a mi juicio el aspecto más preocupante de la política europea en esta materia, la degradación del derecho de asilo y de la protección internacional subsidiaria.

EL AGUJERO NEGRO DE LA POLÍTICA DE REFUGIADOS

La importancia de la institución jurídica del asilo y la protección internacional subsidiaria, esencia del Derecho internacional de refugiados, se basa en dos principios.

El primero es que el derecho de asilo es, en cierta medida el equivalente a eso que Arendt llamó el "derecho a tener derechos". Y ello porque el instituto jurídico del asilo arraiga en un instinto originario, propio de nuestra condición de seres humanos como seres sociales. Si tengo que darle nombre a ese instinto diré que es la pulsión de solidaridad, que es algo más que la cooperación. Ese algo más, nace precisamente de lo que entiendo por solidaridad, que no es moralina o sucedáneo de la igualdad, sino complementaria, tal y como lo entendían los revolucionarios franceses. La solidaridad es condición sine qua non de la estabilidad y del progreso de las sociedades, como lo explicó el gran Ibn-Jaldoun, cuando analizó el concepto de *assabiyah* en su monumental obra *Muqaddihmah*. Y desde esos puntos de partida (a los que hay que añadir la gran tradición que arranca de Durkheim), diré que entiendo por solidaridad la conciencia conjunta de derechos y deberes que se despierta o agudiza allí donde nos encontramos ante la presencia o amenaza inminente de un peligro percibido como común. De ahí también la noción del deber de hospitalidad. Porque la conciencia de que esos peligros nos pueden alcanzar, desvela que los amenazados somos todos, aun en el caso de que de forma inmediata sólo lo sean algunos, incluso lejanos: todos, en uno u otro momento, podemos necesitar que nos ofrezcan refugio.

La segunda idea clave es que el fundamento del asilo es la sacralidad de la vida, un principio que se relativiza cuando hablamos de esos otros que son los inmigrantes, los refugiados. Algo que está más allá de las religiones, de las tradiciones de respeto a lo sagrado. Sí, es cierto: lo sagrado comienza por el lugar de la religión, pero eso es porque la primera sacralidad es la de la vida, por encima de cualquier otra consideración, de cualquier otro atributo humanos de sexo, raza, lengua, nación, religión. Como trataré de explicar enseguida, a mi juicio esa sacralidad laica de la vida es el humus en el que arraiga el instinto de dar refugio y que exige dar el paso a una institución que condensa los principios jurídicos básicos derivados del reconocimiento universal de dignidad a todos los seres humanos, los de *humanitas* y *pietas*.

Ambos principios, ambas exigencias, son cada vez más necesarias en el contexto internacional en el que nos movemos, en el que cada vez hay más causas de persecución, más factores que provocan la huida o desplazamiento forzoso de cada vez más millones de personas. Trataré de explicarlo con algo más de detalle.

El principio jurídico de <u>humanidad</u> contiene en su núcleo los elementos básicos en torno a los cuales el genio griego expresó la noción de leyes no escritas y comunes a todos, esas *agra-*

foi nomoi que invoca Antígona en la tragedia de Sófocles, y entre las que se encuentra a su vez la *pietas* con el otro, incluso con el enemigo, como supo ver la gran filósofa del siglo XX que fue Simone Weil, en su ensayo *La Ilíada o el poema de la fuerza*. Precisamente una de esas *agrafoi nomoi* es también la *hospitalidad*, en la que arraiga el reconocimiento universal del otro (como explicó Kant) y que da razón al derecho de asilo.

Junto a ese genio heleno, otro, el romano, hará nacer la idea misma de Derecho, ahora como norma escrita y dotada de *imperium*, esto es, vinculante. Es así como el instinto de proteger dará paso a la institución jurídica del asilo, vinculada a principios jurídicos más básicos. Así, la conciencia de pertenencia común a la humanidad, la noción de *humanitas* nos reúne a todos y cada uno de nosotros como *membrum humani generis*, esto es como sujetos de una única comunidad, la del género humano. Pero si hablamos de una comunidad universal de todos los seres humanos, es porque reconocemos en todos ellos el carácter valioso de cada ser humano, de su vida, es decir, la *dignitas*. Así es como surge la piedad y el mandato universal de la hospitalidad como obligación de responder frente al peligro que amenaza al otro, y, por tanto, hacernos cargo de él.

Se trata de un elemento clave del proyecto civilizatorio europeo, que adquiere la dimensión de universal. Hablo de una tradición intelectual que comienza en el estoicismo y se expresa en la fórmula de Séneca, *homo homini sacra res*, o en la menos sofisticada de Terencio, cuando escribe su *homo sum, humani nihil a me alienum puto*. Es la justificación de la dignidad humana como atributo universal, que elaboran los humanistas Pico della Mirandola, Montaigne y John Donne, y los representantes de la Ilustración (de Ferguson y Swift a Kant y Marx, sí, Marx), del mejor liberalismo (el de J.SMill y Tocqueville) del feminismo de Olympie de Gouges y Mary

Wollstoncraft. Es asimismo la tradición de la rebelión contra la afrenta a la dignidad, la que sostienen Kafka, Camus y Orwell... ¿Qué nos dirían ellos sobre nuestra conformidad, nuestra pasividad, nuestro miedo al otro convertido en el *passe-partout* político en esta caduca Europa? ¿qué dirían de nuestra pasividad e indiferencia ante la suerte que corren decenas de miles de inmigrantes y refugiados, ante nuestros ojos que ven sin mirar?

Lo reiteraré: el derecho de asilo es el mecanismo jurídico elemental con el que reaccionamos frente a la amenaza que acecha a la condición de esos millones de seres humanos que viven un remedo de vida, una existencia peor que virtual, vicaria. Porque no es vida, sino simulacro de vida, la situación de incertidumbre, de espera, de angustia, en una tierra de nadie en la que esos seres humanos se encuentran confinados. Es la angustia de la vida en suspenso, sin saber si obtendrán el reconocimiento mínimo, esa seguridad jurídica básica que es el derecho a tener derecho, que todos tenemos asegurado; todos menos ellos, los *refugiados*. El asilo otorga esa primera protección que consiste en no rechazar —*non refoulement*— a quien busca refugio, en no dejarle abandonado o, aún peor, en manos de quien le persigue. A eso están obligados todos los Estados que son parte del sistema de derecho internacional de refugiados en cuyo centro está la Convención de Ginebra de 1951 que especifica el sistema de Convenciones que también en Ginebra y en 1949 habían tratado de dar respuesta a los desafíos planteados por la experiencia de la guerra, y dan lugar al núcleo de lo que conocemos como Derecho internacional humanitario. La Convención de 1951 y el Protocolo de Nueva York de 1966 instituyen y regulan la protección en que el asilo consiste.

Y sin embargo, en un mundo en que cada vez más seres humanos necesitan recibir esa protección, porque cada vez hay más riesgos, más amenazas, el asilo no deja de retroceder. Las guerras, los conflictos bélicos, la violencia, se multiplican y son cada vez más letales, desgarran regiones y pueblos enteros y obligan a millones de personas a desplazarse y dejar sus hogares atrás. Las necesidades humanitarias aumentan y la pobreza arraiga en muchos lugares. Las desigualdades rompen sociedades y comunidades que creíamos estables. En paralelo, la discriminación y el rechazo al *otro* protagonizan muchos discursos políticos y agendas mediáticas.

Lo más decisivo, insistiré una vez más, es que esos riesgos y amenazas ponen en cuestión el principio básico (y el deber que deriva de él, la responsabilidad de todos y cada uno de nosotros) del respeto sagrado a la vida, un valor sin el que no puede haber civilización. He tratado de recordar también que de esa convicción irrenunciable nace la noción misma de humanidad, el impulso transformador que supera barreras de religión, lengua, raza, nación y que, desde los estoicos a los humanistas y a la Ilustración, pugna por hacer frente a los impulsos destructores del odio, el prejuicio y la ignorancia, que están detrás de la guerra, del menosprecio, la discriminación y la dominación de otro, de su persecución. Por eso, he intentado presentar cómo el asilo emerge desde el fondo del impulso civilizador que reconoce lo que hay de común entre nosotros y todo otro y nos lleva a proteger la vida, a acoger a quienes no son como nosotros, a darles hospitalidad y, más aún, a ofrecerles persecución cuando llegan hasta nosotros en demanda de refugio contra la persecución que amenaza su vida, su integridad, su libertad. El asilo es, por tanto, un impulso genuino que nace de nuestra conciencia de solidaridad con los demás seres humanos, acentuada cuando están en peligro. El desarrollo de la civilización, a través desea herramienta cultural que es el Derecho, ha dado a luz la garantía de ese impulso de humanidad, el derecho de asilo. Una institución sin la que buena parte de los seres humanos carecen del derecho a tener derechos.

Charles Péguy, el filósofo francés, recordaba que el ideal moral mínimo, el de una *ciudad sin exilio*, es una obligación moral que nos corresponde a todos. Construir una sociedad en que nadie deba vivir privado del reconocimiento de la condición de sujeto de derecho, que es la del ser político, el que, como ciudadano, goza de la protección del derecho que dispensan los Estados. Los refugiados son personas radicalmente vulnerables porque se trata de seres humanos sin más atributos, privados del rasgo político, la condición de pertenencia, el título de ciudadanos de un Estado, sin el cual esos derechos humanos proclamados como universales en 1789 son papel mojado. Porque los derechos del hombre no son nada si no se es ciudadano. O, en todo caso, son muy poco si no se es titular del pasaporte de un Estado que cuenta.

No somos, ni seremos una sociedad decente mientras no seamos conscientes de que esa condición es incompatible con nuestra indiferencia ante la realidad que afecta los refugiados, el desamparo radical que es consecuencia de la omisión (o, peor del rechazo) del deber de los poderes públicos, de las instituciones de nuestros Estados que deberían garantizar el asilo, se lo niegan activamente o lo omiten. La obligación nos vincula a todos nosotros, a la sociedad civil, a todos y cada uno de los ciudadanos. También nuestra obligación de exigir a los poderes públicos que asuman esa responsabilidad de proteger. Y, por eso, tenemos que ser coherentes y no otorgar nuestro voto a ningún partido político que no contemple en sus programas de forma clara y concreta ese deber de proteger suficientemente a los refugiados, lo que exige poner a su alcance, hacerle accesible el derecho de asilo.

Capítulo 4
Otra política migratoria y de asilo es posible

Otra política migratoria es deseable y posible. Pero no está al alcance de un solo Estado. Aunque eso es casi un truismo, lo cierto es que hoy todavía parece imposible un acuerdo que permita una gobernanza mundial de las migraciones, porque la mayoría de los Estados siguen entendiendo la política de migraciones como un asunto de soberanía estatal, existen guías de buenas prácticas (sin valor vinculante) de alcance global, como el *Global Compact for Refugees* (GCR), y el *Global Compact for Safe, regular and Legal Migration* (GCM), aprobados por la Resolución 73/195 de la Asamblea General de la

ONU, del 19 de diciembre de 2018, a partir del documento acordado en la cumbre de Marrakech una semana antes. Unas recomendaciones que, pese a ese carácter no vinculante, tuvieron importantes rechazos: los de los Gobiernos de EEUU, Brasil, Chile y Suiza y, en la UE, de Austria, Bélgica, República Checa, Hungría e Italia.

Como se ha explicado, estos instrumentos (sin valor jurídico vinculante, pero con importantes consecuencias en la práctica jurídica internacional) no tienen nada de revolucionario. Y comienzan por un punto de partida propio de la realpolitik: el principio de soberanía de los Estados. Pero añaden que la gobernanza de las migraciones no está al alcance de ningún Estado de por sí. Menos aún si persiste y se incrementa (entre las sociedades del sur y no digamos, entre las del sur y el norte) el factor determinante, el efecto salida, resultado de la radical desigualdad en los índices de desarrollo humano y las abismales diferencias de expectativas de vida y trabajo para muchos, incluido también el legítimo deseo de una vida y un trabajo mejor para profesionales especializados.

Tal modelo de gobernanza sólo puede ser el resultado de una acción concertada, multilateral, que acepte el enfoque de responsabilidad compartida y de solidaridad. Esos acuerdos podrían ser entendidos como un embrión de una suerte de *lex migrationis* global, en la medida en que recogen un amplio consenso de buenas prácticas y consagran un cierto marco normativo mínimo, condensado en una decena de principios. Creo que merece la pena transcribir su presupuesto: "El Pacto Mundial se basa en el derecho internacional de los derechos humanos y defiende los principios de no regresión y no discriminación. La aplicación del Pacto Mundial asegurará el respeto, la protección y el cumplimiento efectivo de los derechos humanos de todos los migrantes, independientemente de su estatus migratorio, durante todas las etapas del ciclo de la migración. También reafirmamos el compromiso de eliminar todas las formas de discriminación contra los migrantes y sus familias, como el racismo, la xenofobia y la intolerancia". Tal presupuesto explica, por ejemplo, el énfasis en la prioridad del interés del menor inmigrante o la recomendación de que los internamientos sean última ratio de esta política, exigencias que por ejemplo no se encuentran garantizadas en el reciente Pacto europeo de migración y asilo de 2024.

Concretamente, el GCM ofrece 23 objetivos, con un abanico de iniciativas, que asientan el vínculo entre políticas migratorias, desarrollo humano y democracia, algo que también ignora el Pacto europeo de migración y Asilo de 2024, enrocado en el control de fronteras, y que ha renunciado a la exigencia de establecer vías legales, seguras y asequibles para los inmigrantes, cuya inexistencia es el verdadero motor de la migración irregular y la razón del negocio de las mafias.

La base de otra política migratoria posible exige combinar políticas públicas migratorias de alcance mundial (multilateral) con las nacionales y con acciones transversales, mediante la acción concertada de las diferentes Administraciones, pero sobre todo de los agentes de las sociedades civiles y de los propios inmigrantes. Una política migratoria que supere la obsesión de la securitización y el apriorismo de beneficio unilateral de nuestros mercados y abandone así la prioridad incondicionada de la contención de los movimientos migratorios y su explotación para nuestro beneficio. Una política migratoria que se abra a una gestión acorde con el Derecho internacional de los derechos humanos (en particular, el Derecho internacional migratorio y el de refugiados) y que, como ha insistido Sami Naïr, consiga que los desplazamientos migratorios dejen de ser un destino fatal, para convertirse en una opción que beneficie a todos. Creo que, como ha explicado la profesora Alexandra Castro, es factible ese modelo gobernanza global, que garantice los derechos de los inmigrantes y la vigencia del Estado de Derecho (lo que no es una opción, ni una carga que se trata de minimizar, sino una condición sine qua non), además de asegurar la gestión eficaz por parte de los Estados implicados, y que puede redundar en beneficio de todas las sociedades y actores concernidos —no sólo, ni prioritariamente, de sus Gobiernos—.

A partir de esas bases, a mi juicio, la UE podría haber diseñado un modelo regional eficaz, como el que estaba al alcance de una organización regional, supra estatal, como la Unión Europea. Sin embargo, como hemos visto en el capítulo anterior, la política de la UE parece encaminarse hoy en un sentido cada vez más restrictivo y en buena medida ajeno a esas buenas prácticas: para buena parte de los Gobiernos europeos y para la segunda Comisión Europea presidida por von der Leyen, que acaba de comenzar su mandato, el objetivo de la política migratoria parece el de dominio unilateral e instrumental de esos movimientos, con tres claves: el beneficio de sus mercados y agentes (la inmigración vista sólo como cuestión laboral y de equilibrio de mercado), el cortoplacismo electoral (usar la inmigración para asegurarse el voto) y los intereses geoestratégicos (expansión del propio mercado y área de influencia). Todo desde la premisa indiscutible de la soberanía nacional: en última instancia, corresponde a los gobiernos nacionales decidir quién puede cruzar nuestras fronteras y quedarse aquí.

Cabe también mencionar algunos de los pasos que podría dar España en esta materia. Hace ya cuarenta años que España se convirtió en receptora de inmigración, un cambio respecto a los otros cuarenta años anteriores, desde los cincuenta a los noventa, en los que España fue país de emigrantes, hacia Europa y a América Latina (además del exilio al acabar la guerra civil). En este período, hemos debido afrontar cambios de enorme trascendencia geopolítica y asimismo las consecuencias derivadas de conflictos bélicos en Afganistán, Yemen, Sudán, Siria y, más recientemente, Ucrania y Gaza. Completan estos cambios las consecuencias derivadas del agravamiento de la crisis climática, que empujan a poblaciones de todo el mundo a huir de sus hogares. Y a ello debemos añadir un dato particularmente decisivo: la crisis demográfica, pues vivimos un proceso particularmente acelerado de envejecimiento, respecto incluso a otros países europeos, con una pirámide demográfica que se invierte, con cada vez menos nacimientos y cada vez más jubilados. Una parte muy importante de la actual población activa (hablamos de en torno a 9 millones de personas), estará en edad de jubilación antes de 2030, lo que plantea la necesidad de incorporar a nuestro mercado laboral nuevas generaciones de personas que no han nacido en España y con los perfiles adecuados a las necesidades de empleo, tomando en cuenta las transformaciones que va a experimentar el modelo productivo español, esto es, anticiparnos en lo posible a las necesidades que derivarán de ello, previendo por ejemplo los sectores de empleo que necesitaremos, los perfiles laborales idóneos y desarrollando modelos de formación no sólo para los trabajadores nacionales, sino también para los inmigrantes.

La gobernanza migratoria en nuestro país, tiene alternativas reales, siempre y cuando haya voluntad política de ponerlas en práctica. Para ello, desde luego, se requiere revisar los actuales instrumentos legales -la ley y el reglamento de extranjería, un nuevo reglamento de asilo, un nuevo Plan Estratégico de Ciudadanía e Inmigración—, pero sobre todo es prioritario facilitar y mejorar la colaboración multinivel entre las administraciones, proporcionando recursos a las administraciones locales y autonómicas sobre las que pesa la mayor parte de la tarea d la acogida y estancia de los inmigrantes y los consiguientes servicios sociales (educación, sanidad, vivienda...) Esa alternativa exige asimismo revisar la mencionada ideología de securitización que domina la gestión de las fronteras. Y hay que proporcionar los medios a las administraciones más concernidas, los Ayuntamientos y las Comunidades Autónomas. Todo ello desde una premisa que insisto en enunciar como irrenunciable: el reconocimiento y garantía de los derechos humanos y fundamentales de los inmigrantes no es una opción, sino una condición de legitimidad de la política migratoria, para evitar el riesgo que amenaza a nuestras democracias, institucionalizar un alto grado de exclusión. No comparable, claro, a la democracia ateniense ni a la república romana, que excluyeron de derechos básicos a los extranjeros y mantuvieron un status de esclavitud para buena parte de ellos. Pero lo cierto es que las consecuencias de la exclusión social y política de los inmigrantes *qua* extranjeros, a los que me he referido en los capítulos segundo y tercero, resultan injustificables en un mundo que vive el proceso de globalización acelerada como el que caracteriza a nuestras sociedades.

Dicho esto, no reduciré el modelo de política migratoria a la dimensión laboral, pero tampoco nos podemos permitir ignorar la importancia decisiva que tiene. Por eso, es preciso que renovemos los instrumentos públicos de gestión de la inmigración legal, para ordenar la llegada de personas migrantes y hacer efectiva su conexión con las demandas de los empleadores, porque debemos ser capaces de innovar en la selección y en la incorporación de los nuevos trabajadores a nuestro país. A esos efectos, hay tres tipos de actuaciones que deberían ser prioritarias:

- En primer lugar, potenciar una contratación en origen de acuerdo con las necesidades laborales, una contratación que funcione de manera rápida en los tiempos, y ágil en los procedimientos y en la que se reconozca papel preferente a los agentes de las dos sociedades civiles.

- En segundo lugar, extendiendo nuevas fórmulas como los visados temporales de búsqueda de empleo, que faciliten la llegada y estancia de aquellas personas con los perfiles adecuados hasta que se establezca la relación laboral.

- Además, esta anticipación también nos debe permitir colaborar con los países de origen en la formación de los potenciales candidatos a nuestro mercado de trabajo. A través, de convenios de cooperación con nuestro servicio público de empleo y también con el sistema educativo, *pue-*

de extenderse una formación ocupacional, bien presencial o bien on line, muy valiosa para aportar contenidos formativos que se ajusten a las demandas. Esa cooperación también debería servir para ofrecer estancias de formación y especialización para cuadros y trabajadores que luego puedan volver a su país y mejorar así ese "capital humano". Esto aconsejaría abrir la vía a permisos de estancia para formación y especialización, que pudieran renovarse periódicamente, de forma que, tras regresar a su país, puedan realizar otras estancias en el nuestro. Sería beneficioso para ellos, para sus países y para el nuestro, sin que se convirtiera en la típica descapitalización que hacemos desde Europa, privando a esos países de sus mejores trabajadores.

Es cierto que, sin incurrir en una visión puramente instrumental, los movimientos migratorios que tienen como destino a nuestro país representan una oportunidad (no exenta de dificultades, claro) para aportar soluciones a esos desafíos.

Es imprescindible regular las migraciones, desde luego: no propongo la falacia de "puertas abiertas", que nadie sostiene de verdad y que es en todo caso una medida inabordable por un solo Estado. Menos aún si hablamos de Estados que pertenecen a la UE.

Insistiré en que un modelo de política migratoria debe centrarse en cuatro aspectos clave: (1) la relación con los países de origen y de tránsito, una dimensión internacional imprescindible, pero que debe superar el tropismo colonial que se revela al comprobar que el objetivo de esos acuerdos bilaterales es puramente de control policial. (2) El paso de las fronteras, donde hay que poner el acento en la existencia de abrir vías legales y seguras para los inmigrantes y en la vigilancia para evitar que las fronteras sean lugares sin derechos o con restricciones indebidas de derechos. (3) Las políticas de acogida (en especial para los menores), lo que exigen una intensa coordinación de las administraciones, teniendo en cuenta que el peso recae sobre las administraciones locales (Ayuntamientos) y las autonómicas, con competencias en padrón, servicios sociales, educación y sanidad y en las que el objetivo es que quienes se encuentran en nuestro país, tengan garantizados los derechos humanos y fundamentales que les corresponden y puedan acceder ante todo a un status legal. (4) Finalmente, las políticas que permitan a quien lo desee y cumpla unas condiciones básicas, optar por la adquisición de un status político de igualdad, hoy absurdamente restringidas al mecanismo de reciprocidad, o a la vía de la naturalización, excesivamente prolongada en el tiempo (10 años para la mayoría), es decir, de la adquisición de nacionalidad.

Se trata de habilitar vías que tengan en cuenta que el proceso que se llama de integración (y que sería probablemente más acertado entender como un proceso social de acomodación mutua, entre inmigrantes y nacionales) debería ser un proceso abierto, que comience por facilitar la condición administrativa de vecindad (para lo cual España cuenta con un instrumento particularmente adecuado, como han explicado las profesoras Solanes y Cardona, el padrón) y con ello el reconocimiento y garantía de los derechos políticos a escala municipal y autonómica. En mi opinión, el objetivo debería ser abrir cauces asequibles para poner en práctica lo que en su día fue el modelo canadiense de <inmigración para la ciudadanía>, que en alguna medida se replicó con el Plan de Ciudadanía e Inmigración (PECI) entre los años 2004 y 2008 y que quedaron frustrados con la crisis con el objetivo de avanzar en el cumplimiento de las exigencias de una sociedad democrática plural e inclusiva, es decir, igualitaria, sin incurrir en los errores de la asimilación impuesta: se trata de saber atraer a estas generaciones de *new comers* a los valores constitucionales, al potencial de desarrollo personal y social que ofrece nuestro modelo de Estado social de Derecho.

Por supuesto, la política migratoria debe descansar en el pilar de la política de cooperación o de codesarrollo con los países de origen de los movimientos migratorios. Pero hay que abandonar la pretensión de utilizar la ayuda o la cooperación al desarrollo como tapón de los movimientos migratorios, una pretensión que se revela ilusoria, tal y como muestran los análisis de la OCDE, desde el rapport Tapinos o el informe Nair sobre migraciones y codesarrollo. Nunca es así. Lo han acreditado también en nuestro país, por ejemplo, los trabajos del profesor Antonio Izquierdo y en el ámbito de la cooperación, los del profesor Gómez Gil.

A mi juicio, es prioritario abandonar la relación instrumental que ofrece ayudas a los países de origen y tránsito, a cambio del cumplimiento de la externalización del control de fronteras, funcional a un modelo de securitización, en términos propios de un proyecto neocolonial, al servicio de los intereses unilaterales (por otra parte legítimos) que tratan de imponer los gobiernos de los Estados europeos y los agentes de nuestras sociedades civiles (el empresariado en primer lugar), lo que aboca las más de las veces esas políticas de cooperación a un modelo de quid pro quo, entre las ayudas que donamos y la realización de tareas de policía o filtro por parte de los países que reciben esas ayudas. Lo que propongo es utilizar esas ayudas para estimular los progresos de esos países en las tres "D": democracia, derechos humanos y desarrollo. Cabe pensar así que las cláusulas de colaboración o ayuda o el régimen más favorable acordado a esos países, no se condicione —o, al menos, no sólo, ni prioritariamente— al cumplimiento de cuotas de policía tanto de salida como sobre todo de readmisión por parte de los mismos, sino también al avance en los standards del Indice de Desarrollo Humano, que incluye progresos en educación, sanidad y respeto de derechos y libertades.

Necesitamos lograr una articulación de una solidaridad europea en la gestión de la movilidad migratoria, presidida por la garantía del respeto de los derechos humanos y la dignidad humana en la gestión del asilo y la migración. Una solidaridad que presida la política exterior europea, concebida desde un enfoque global basado en una cooperación recíproca y simétrica con los países de origen y tránsito, en especial con los países de nuestro entorno más inmediato, no en concesiones paternalistas que supeditan la cooperación a cifras de gestión policial de los movimientos migratorios. Una solidaridad justa, sólida, estructural y permanente que tenga en cuenta las necesidades y retos que afrontan los Estados miembros con fronteras exteriores;

una responsabilidad más asistida y suficientemente flexible.

La conformación de una política europea común de inmigración es una exigencia frustrada una y otra vez, porque se ignora la realidad de un fenómeno como el migratorio, que moviliza a millones de personas que ven Europa como esperanza, un territorio de libertad, justicia y convivencia pacífica y plural. Y, sobre todo porque la política migratoria y de asilo de la Unión Europea no es coherente con las exigencias de respeto al Estado de Derecho, al reconocimiento y garantía de los derechos humanos que la UE proclama.

Recomendaciones de lectura

1. Sobre la representación de las migraciones

Bauman, Z., (2005) *Vidas desperdiciadas. La modernidad y sus parias*, Paidós

— (2008) *Archipiélago de excepciones*, Katz

— (2016), *Extraños llamando a la puerta*, Paidós

De Haas, H. (2023), *Los mitos de la inmigración. 22 mitos sobre el tema que más nos divide*, Península.

De Lucas/Nair, *El desplazamiento del mundo.* Inmigración y temáticas de la identidad, Min Trabajo, 1998

Izquierdo, A. (2016) *Crítica de la inmigración imaginada*, Bellaterra

Nair, S. (2001), *La migración, explicada a mi hija*, ediciones de bolsillo

— (2006) *Y vendrán…Las migraciones en tiempos hostiles*, Bronce, 2006.

Sassen, S. (2001), *¿Perdiendo el control? La soberanía en la era de la globalización*, Bellaterra

— (2003), *Contrageografías de la globalización. Género y ciudadanía en los circuitos transfronterizos*

— (2015), *Expulsiones. Brutalidad y complejidad en la economía global*, Katz.

Sayad A., (2006), *L'inmigration ou les paradoxes de l'alterité*, Bruxelles, De Boeck-Weshael. Reimpreso en 2006 en dos volúmenes: *L'inmigration ou les paradoxes de l'alterité. 1. L'illusion du provisoire. 2. Les enfants illeégitimes*, Paris, Editions Raisons d'Agir.

— (2011) *La doble ausencia. De las ilusiones del emigrado a los padecimientos del inmigrado*, Anthropos, 2011.

Withol der Wenden, C., (2000), *¿Hay que abrir las fronteras?*, Bellaterra

— (2010), *La Question Migratoire au XXI siècle. Migrants, Réfugiés et Relations Internacionales*,

Presses de la Fondation Nationale des Sciences Politiques.

— (2016) "Las nuevas migraciones", *Sur*, 23, 2016, pp.17-28

2. Sobre el negocio del control migratorio

Andersson, R., (2014) *Illegality, Inc.: Clandestine migration and the business of bordering Europe*, California University Press.

Rodier, C., (2013) *El negocio de la xenofobia. ¿Para qué sirven los controles migratorios?*, Clave intelectual.

3. Sobre las políticas migratorias y de asilo

Castro, A., (2018), *La gobernanza internacional de las migraciones. De la gestión migratoria a la protección de los inmigrantes*, Universidad externado/Open Books

Chueca, A./Aguelo, P., "Contenido y límites del *ius migrandi*", *Revista Electrónica Iberoamericana*, vol.7, nº 2, 2013

De Lucas, 1996, *Puertas que se cierran. Europa como fortaleza*, Icaria

— 2010, "Refugiados: nuevos problemas, viejas reticencias", *Le Monde Diplomatique* 2010.

— (2015), *Mediterráneo. El naufragio de Europa*, Tirant lo Blanch,

— (2017), "Negar la política, negar sus sujetos y derechos (Las políticas migratorias y de asilo como emblemas de la necropolitica)", *Cuadernos Electrónicos de Filosofía del Derecho*, nº 36/2017.

— (2020), "Hay políticas de migración más humanas", *Ideas/El País,* https://elpais.com/ideas/2020-12-12/hay-politicas-de-migracion-mas-humanas.html.

Naïr, S., (2010), *La Europa mestiza. Inmigración, ciudadanía, codesarrollo*, Círculo de Lectores/ Galaxia Gutenberg.

— (2016), *Refugiados. Frente a la catástrofe humanitaria, una solución real*, Crítica.

4. Sobre cambio climático, migraciones y refugio.

Altamirano R, (2014), *Refugiados ambientales: cambio climático y migración forzada*, Fondo editorial.

Harper (2020), El cambio climático es la crisis determinante de nuestro tiempo y afecta principalmente a las personas desplazadas, https://www.acnur.org/noticias/noticia/2020/11/5fc5dcb54/el-cambio-climatico-es-la-crisis-determinante-de-nuestro-tiempo-y-afecta.html

CEAR y GreenPeace, *Huir del Clima. Cómo influye la crisis climática en las migraciones humanas*, https://www.cear.es/wp-content/uploads/2021/10/informe-huir-del-clima.pdf

5. Bases de datos sobre migraciones y refugiados

OIM (https://publications.iom.int/books/informe-sobre-las-migraciones-en-el-mundo-2024

ACNUR https://www.unhcr.org/mid-year-trends-report-2024,

Portal migraciones: https://www.migrationdataportal.org/terms-use

6. Pactos sobre migración y refugiados

(1) ONU:

Convención internacional para la protección de los derechos de todos los trabajadores inmigrantes y de sus familias, de 18 de diciembre de 1990 (Resolución 45/158 de la Asamblea General), https://www.ohchr.org/es/instruments-mechanisms/instruments/international-convention-protection-rights-all-migrant-workers

Convenio nº 97 OIT sobre trabajadores migrantes, https://normlex.ilo.org/dyn/nrmlx_es/f?p=NORMLEXPUB:12100:0::NO::P12100_INSTRUMENT_ID:312242

Pacto global sobre refugiados, 2018 https://www.unhcr.org/gcr/GCR_English.pdf

Pacto Global para una migración segura, ordenada y regular , 2018 (A / RES / 73/195): https://undocs.org/pdf?symbol=es/A/RES/73/195.

(2) UE

Pacto europeo de migración y asilo, abril 2024., https://www.consilium.europa.eu/es/policies/eu-migration-policy/eu-migration-asylum-reform-pact/

7. Sobre migraciones y cooperación con países de origen y tránsito de las migraciones

Gómez Gil, C., (2020) *Debates y controversias en la cooperación al desarrollo*, Publicaciones Universidad de Alicante

Nair, S. (1997) *Rapport de bilan et d'orientation sur la politique de codéveloppement liée aux flux migratoires"*, diciembre de 1997.

Nair, S. (2010), *La Europa mestiza. Inmigración, ciudadanía, codesarrollo*, Círculo de Lectores/ Galaxia Gutenberg.

Ramón Chornet (2007) "Nuevas orientaciones en la política de la UE sobre desarrollo e inmigración", *Revista española de desarrollo y cooperación,* nº 19, 2007, pp. 37-52.

Tapinos, G., (1974), *L'Economie des migrations internationales*, Colin

8. Otras lecturas básicas

Berger-Luckman, (1968), *The Social Construction of Reality* (Hay traducción castellana *La construcción social de la realidad*, Amorrortu.

Habermas, J., (1968) *Erkenntniss und Interesse* (Hay traducción castellana, *Conocimiento e interés*, Taurus)

Honneth, A (2011), *La sociedad del desprecio*, Trotta

Steiner, G., *After Babel. Aspects of Langage and Translation*, Oxford U.P. 1075 (hay traducción castellana, *Después de Babel. Aspectos del lenguaje y la traducción*, FCE 2005)

Said, E. (2003), *Orientalismo*. Nuevas Ediciones de Bolsillo

— (2004), *Cultura e imperialismo*, Anagrama,

Todorov, T., (2008), *El miedo a los bárbaros, más allá del choque de civilizaciones*, Galaxia Gutenberg

— (2011), *Vivir solos, juntos*, Galaxia Gutenberg.